全国高职高专食品类、保健品开发与管理专业"十三五"规划教材

（供食品营养与检测、食品质量与安全、保健品开发与管理专业用）

U0746426

创新与创业教育

主　　编　李时菊　袁　忠

副 主 编　洪　俐　林宇红

编　　委　（以姓氏笔画为序）

　　　　　李时菊（湖南食品药品职业学院）

　　　　　林宇红（黑龙江生物科技职业学院）

　　　　　赵建光（华南理工大学）

　　　　　洪　俐（湖南中医药高等专科学校）

　　　　　袁　忠（华南理工大学）

　　　　　鲍　娜（湖南食品药品职业学院）

中国健康传媒集团

中国医药科技出版社

内容提要

本教材为"全国高职高专食品类、保健品开发与管理专业'十三五'规划教材"之一，系根据本套教材的编写指导思想和原则要求，结合专业培养目标和本课程的教学目标、内容与任务要求编写而成。本教材具有专业针对性强、紧密结合新时代行业要求和社会用人需求、与职业技能鉴定相对接等特点；内容主要包括认识创新创业、培养创新素质、训练创新思维、把握创业机会、精心准备创业、着手创办企业、学会管理企业等。本教材为书网融合教材，即纸质教材有机融合电子教材、教学配套资源（PPT、微课、视频、图片等）、题库系统、数字化教学服务（在线教学、在线作业、在线考试）。

本教材主要供全国高职高专食品营养与检测、食品质量与安全、保健品开发与管理专业师生使用，也可作为从事学生创新创业教育的工作人员以及继续教育人员的学习与参考资料。

图书在版编目（CIP）数据

创新与创业教育/李时菊，袁忠主编. —北京：中国医药科技出版社，2019.1
全国高职高专食品类、保健品开发与管理专业"十三五"规划教材
ISBN 978 - 7 - 5214 - 0331 - 2

Ⅰ.①创… Ⅱ.①李… ②袁… Ⅲ.①大学生 – 创业 – 高等职业教育 – 教材 Ⅳ.①G647.38

中国版本图书馆 CIP 数据核字（2018）第 266096 号

美术编辑　陈君杞
版式设计　南博文化

出版　**中国健康传媒集团**｜中国医药科技出版社
地址　北京市海淀区文慧园北路甲 22 号
邮编　100082
电话　发行：010 - 62227427　邮购：010 - 62236938
网址　www.cmstp.com
规格　889 × 1194mm ¹⁄₁₆
印张　8 ¼
字数　169 千字
版次　2019 年 1 月第 1 版
印次　2020 年 12 月第 3 次印刷
印刷　三河市腾飞印务有限公司
经销　全国各地新华书店
书号　ISBN 978 - 7 - 5214 - 0331 - 2
定价　**20.00 元**

获取新书信息、投稿、为图书纠错，请扫码联系我们。

版权所有　盗版必究
举报电话：010 - 62228771
本社图书如存在印装质量问题请与本社联系调换

数字化教材编委会

主　编　李时菊　袁　忠
副主编　戴　为　李　军　谭倩芳
编　委（以姓氏笔画为序）
　　　　鲍　娜（湖南食品药品职业学院）
　　　　戴　为（湖南食品药品职业学院）
　　　　洪　俐（湖南中医药高等专科学校）
　　　　林宇红（黑龙江生物科技职业学院）
　　　　李　军（长沙环保职业技术学院）
　　　　李　玥（黑龙江生物科技职业学院）
　　　　李时菊（湖南食品药品职业学院）
　　　　谭倩芳（湖南食品药品职业学院）
　　　　袁　忠（华南理工大学）
　　　　赵建光（华南理工大学）
　　　　祝　玲（湖南食品药品职业学院）

出版说明

为深入贯彻落实《国家中长期教育改革发展规划纲要（2010—2020年）》和《教育部关于全面提高高等职业教育教学质量的若干意见》等文件精神，不断推动职业教育教学改革，推进信息技术与职业教育融合，对接职业岗位的需求，强化职业能力培养，体现"工学结合"特色，教材内容与形式及呈现方式更加切合现代职业教育需求，以培养高素质技术技能型人才，在教育部、国家药品监督管理局的支持下，在本套教材建设指导委员会专家的指导和顶层设计下，中国医药科技出版社组织全国120余所高职高专院校240余名专家、教师历时近1年精心编撰了"全国高职高专食品类、保健品开发与管理专业'十三五'规划教材"，该套教材即将付梓出版。

本套教材包括高职高专食品类、保健品开发与管理专业理论课程主干教材共计24门，主要供食品营养与检测、食品质量与安全、保健品开发与管理专业教学使用。

本套教材定位清晰、特色鲜明，主要体现在以下方面。

一、定位准确，体现教改精神及职教特色

教材编写专业定位准确，职教特色鲜明，各学科的知识系统、实用。以高职高专食品类、保健品开发与管理专业的人才培养目标为导向，以职业能力的培养为根本，突出了"能力本位"和"就业导向"的特色，以满足岗位需要、学教需要、社会需要，满足培养高素质技术技能型人才的需要。

二、适应行业发展，与时俱进构建教材内容

教材内容紧密结合新时代行业要求和社会用人需求，与职业技能鉴定相对接，吸收行业发展的新知识、新技术、新方法，体现了学科发展前沿、适当拓展知识面，为学生后续发展奠定了必要的基础。

三、遵循教材规律，注重"三基""五性"

遵循教材编写的规律，坚持理论知识"必需、够用"为度的原则，体现"三基""五性""三特定"。结合高职高专教育模式发展中的多样性，在充分体现科学性、思想性、先进性的基础上，教材建设考虑了其全国范围的代表性和适用性，兼顾不同院校学生的需求，满足多数院校的教学需要。

四、创新编写模式，增强教材可读性

体现"工学结合"特色，凡适当的科目均采用"项目引领、任务驱动"的编写模式，设置"知识目标""思考题"等模块，在不影响教材主体内容基础上适当设计了"知识链接""案例导入"等模块，以培养学生理论联系实际以及分析问题和解决问题的能力，增强了教材的实用性和可读性，从而培养学生学习的积极性和主动性。

五、书网融合，使教与学更便捷、更轻松

全套教材为书网融合教材，即纸质教材与数字教材、配套教学资源、题库系统、数字化教学服务有机融合。通过"一书一码"的强关联，为读者提供全免费增值服务。按教材封底的提示激活教材后，读者可通过电脑、手机阅读电子教材和配套课程资源（PPT、微课、视频、动画、图片、文本等），并可在线进行同步练习，实时反馈答案和解析。同时，读者也可以直接扫描书中二维码，阅读与教材内容关联的课程资源（"扫码学一学"，轻松学习PPT课件；"扫码看一看"，即刻浏览微课、视频等教学资源；"扫码练一练"，随时做题检测学习效果），从而丰富学习体验，使学习更便捷。教师可通过电脑在线创建课程，与学生互动，开展布置和批改作业、在线组织考试、讨论与答疑等教学活动，学生通过电脑、手机均可实现在线作业、在线考试，提升学习效率，使教与学更轻松。

编写出版本套高质量教材，得到了全国知名专家的精心指导和各有关院校领导与编者的大力支持，在此一并表示衷心感谢。出版发行本套教材，希望受到广大师生欢迎，并在教学中积极使用本套教材和提出宝贵意见，以便修订完善，共同打造精品教材，为促进我国高职高专食品类、保健品开发与管理专业教育教学改革和人才培养做出积极贡献。

中国医药科技出版社

2019年1月

全国高职高专食品类、保健品开发与管理专业"十三五"规划教材

建设指导委员会

主 任 委 员　　逯家富（长春职业技术学院）

常务副主任委员　翟玮玮（江苏食品药品职业技术学院）

　　　　　　　　贾　强（山东药品食品职业学院）

　　　　　　　　沈　力（重庆三峡医药高等专科学校）

　　　　　　　　方士英（皖西卫生职业学院）

　　　　　　　　吴昌标（福建生物工程职业技术学院）

副 主 任 委 员　（以姓氏笔画为序）

　　　　　　　　丁建军（辽宁现代服务职业技术学院）

　　　　　　　　王　飞（漯河医学高等专科学校）

　　　　　　　　王冯粤（黑龙江生物科技职业学院）

　　　　　　　　毛小明（安庆医药高等专科学校）

　　　　　　　　巩　健（淄博职业学院）

　　　　　　　　孙　莹（长春医学高等专科学校）

　　　　　　　　杨天英（山西轻工职业技术学院）

　　　　　　　　李　莹（武汉软件工程职业学院）

　　　　　　　　何　雄（浙江医药高等专科学校）

　　　　　　　　张榕欣（茂名职业技术学院）

　　　　　　　　胡雪琴（重庆医药高等专科学校）

　　　　　　　　贾　强（广州城市职业学院）

　　　　　　　　倪　峰（福建卫生职业技术学院）

　　　　　　　　童　斌（江苏农林职业技术学院）

　　　　　　　　蔡翠芳（山西药科职业学院）

　　　　　　　　廖湘萍（湖北轻工职业技术学院）

委　　员（以姓氏笔画为序）

王　丹（长春医学高等专科学校）

王　磊（长春职业技术学院）

王文祥（福建医科大学）

王俊全（天津天狮学院）

王淑艳（包头轻工职业技术学院）

车云波（黑龙江生物科技职业学院）

牛红云（黑龙江农垦职业学院）

边亚娟（黑龙江生物科技职业学院）

曲畅游（山东药品食品职业学院）

伟　宁（辽宁现代服务职业技术学院）

刘　岩（山东药品食品职业学院）

刘　影（茂名职业技术学院）

刘志红（长春医学高等专科学校）

刘春娟（吉林省经济管理干部学院）

刘婷婷（安庆医药高等专科学校）

江津津（广州城市职业学院）

孙　强（黑龙江农垦职业学院）

孙金才（浙江医药高等专科学校）

杜秀虹（玉溪农业职业技术学院）

杨玉红（鹤壁职业技术学院）

杨兆艳（山西药科职业学院）

杨柳清（重庆三峡医药高等专科学校）

李　宏（福建卫生职业技术学院）

李　峰（皖西卫生职业学院）

李时菊（湖南食品药品职业学院）

李宝玉（广东农工商职业技术学院）

李晓华（新疆石河子职业技术学院）

吴美香（湖南食品药品职业学院）

张　挺（广州城市职业学院）

张　谦（重庆医药高等专科学校）

张　镝（长春医学高等专科学校）

张迅捷（福建生物工程职业技术学院）

张宝勇（重庆医药高等专科学校）

陈　瑛（重庆三峡医药高等专科学校）

陈铭中（阳江职业技术学院）

陈梁军（福建生物工程职业技术学院）

林　真（福建生物工程职业技术学院）

欧阳卉（湖南食品药品职业学院）

周鸿燕（济源职业技术学院）

赵　琼（重庆医药高等专科学校）

赵　强（山东商务职业学院）

赵永敢（漯河医学高等专科学校）

赵冠里（广东食品药品职业学院）

钟旭美（阳江职业技术学院）

姜力源（山东药品食品职业学院）

洪文龙（江苏农林职业技术学院）

祝战斌（杨凌职业技术学院）

贺　伟（长春医学高等专科学校）

袁　忠（华南理工大学）

原克波（山东药品食品职业学院）

高江原（重庆医药高等专科学校）

黄建凡（福建卫生职业技术学院）

董会钰（山东药品食品职业学院）

谢小花（滁州职业技术学院）

裴爱田（淄博职业学院）

前言
QIANYAN

联合国教科文组织将创新创业定义为"未来的世界"，称之为继文化教育、技能教育之后的第三本教育护照。2014 年以来，"双创"教育已经成为我国政府高位推动的重要工作。大学生是最具创新思维，最具创业活力和创业潜力的群体，加强对大学生的创新与创业教育和指导服务工作，既是贯彻党的十八大"实施创新驱动发展战略"、十九大"加快建设创新型国家"的重大战略举措，是全面决胜小康社会的重要措施，又是深化高等教育教学改革，培养学生创新精神，提升大学生创业、创富能力的重要途径。

为适应新形势下对高素质创新人才培养的需要，我们根据高职高专院校食品类、保健品开发与管理专业培养目标和主要就业方向及职业能力要求，按照本套教材编写指导思想和原则，结合本课程教学大纲，组织全国多所院校从事教学的一线教师、学者悉心编写而成本教材。

本教材系本专业的通用课程教材，全书共设置了 7 个项目 18 个任务，内容上涵盖创新创业概述、培养创新素质、训练创新思维、把握创业机会、精心准备创业、着手创办企业、学会管理企业等。本教材具有以下四个特点。

1. 注重基础性　按照"必需、够用"的原则，适当介绍创新与创业的理论知识，不求全面与高深，使师生便教易学。

2. 增强可读性　教材中引用了大量的行业创新与创业案例，引导学生讨论与思考，提高学生的学习兴趣，使师生乐教爱学。

3. 强化实操性　以行动训练为主线，以行业案例为切入点，精心设计实训项目，给出实训任务单，明确实训目的、实训要求、组织方式及评价与考核，指导师生开展实操训练。让学生在体验、感悟中加强自我认识、拓宽自我发展的渠道，提高创新与创业的综合素质，提升创新创业的能力，使师生教学有成。

4. 书网融合，教材增值大　本教材为书网融合教材，即纸质教材有机融合电子教材、教学配套资源（PPT、微课、视频、图片等）、题库系统、数字化教学服务（在线学习、在线作业、在线测试）等，为师生提供更加生动更加形象的教学资源，以满足教学的需要。

本教材由李时菊、袁忠任主编。具体编写分工是：项目一与项目二由鲍娜编写、项目三由赵建光编写、项目四由洪例编写、项目五由袁忠编写、项目六由林宇红编写、项目七由李时菊编写。本教材数字化编委增加了戴为、李军、李玥、谭倩芳、祝玲。增加的编委每位负责不少于 2 个微课的制作，由戴为老师负责审核。

本教材中案例涉及的企业及个人仅为教学举例需要，不作商业推广用途，特此声明。

本教材在编写过程中，得到了教材建设指导委员会专家的悉心指导和各参编院校的鼎力支持，在此深表感谢！由于编写时间仓促，编者经验不足，专业水平有限，书中难免存在欠缺之处，敬请各位专家及读者批评指正。

编　者
2019 年 1 月

目录

项目一　认识创新创业

📖 **知识目标**

1. **掌握**　创新与创业的含义、特征及作用。
2. **熟悉**　创新的类型与特征。
3. **了解**　创新的基本模式和过程。

📝 **能力目标**

1. 掌握突破思维障碍的两种技术。
2. 运用几种常用的创新方法分析问题、解决问题。

任务一　认识创新

✎ **名人语录**

苟日新，日日新，又日新。

——汤之《盘铭》

扫码"学一学"

👉 **案例讨论**

案例： 当今的中国已经由跟跑者的角色转变为同行者，甚至是领跑者。中国高铁的发展迅猛，"复兴号"高铁的提速，让中国高铁再次成为世界最快速的列车群。这是中国"引进—消化吸收—再创造"技术路线的典范。"复兴号"的中国标准占了84%，多项关键技术均为我国自主研发，具有完全自主知识产权。高速便捷、四通八达的高铁"网络"，不仅方便了人们旅行，更提升了经济效益。这是中国创新驱动，加快经济发展的重要成果。

问题： 1. 创新给我们的生活带来哪些改变？

　　　　2. 中国高铁成为"中国名片"，源于哪些创新？

必备的理论知识——理论环节

一、创新的含义与特征

（一）创新的含义

创新，是以一种新的思想、创造、发明、技术和新描述为特征的概念化过程。人类为

扫码"看一看"

了满足日益增长的物质、精神和社会要求，借助已有的知识基础，不断地尝试，打破常规，产生创造出新颖而富有价值的成果。创新为民族的发展和社会的进步，提供源源不断的动力。

创新一词源于拉丁语，它的原意有三层含义：一是革新，即对现有的产品、技术、概念等进行改变或更新；二是创造新的事物；三是改变，即对原有的事物进行优化和改造。一个民族想要大步向前，就要不断地进行理论、思维创新。

（二）创新的特征

1. 目的性　每一项创新活动都有自身目的，而这一目的将始终贯穿于创新全过程。

2. 革新性　创新是一种深刻的变革，是对已有事物的改革。

3. 新颖性　指对现有技术的创新，淘汰旧的事物，确立新事物。新颖性分为三个层次：①绝对新颖性；②局部新颖性；③主观新颖性，即仅仅为生产者个人主观意识的新颖性。

4. 超前性　创新的核心是求新，具有超前性。但这种超前不能脱离实际，要实事求是，从实际出发。

5. 价值性　创新具有价值性，促进社会经济发展，从而带来经济效益。如无菌包装的创新设计，让牛奶可以不需要冷藏和防腐剂，也能延长保质期，更好地保证质量安全。同时，在牛奶生产、运输、储存、销售的全过程，由于不需要冷藏设备，自然有利于节能减排，对环境的保护有着积极的意义和价值。当然，这并不代表每种创新都具有价值。

二、创新的内容与作用

（一）创新的内容

创新就是创造新的事物和改进原有的事物。创造和改进的内容包括：思想、产品、技术、方法、管理模式、用人机制、经济体制等方面。覆盖了所有有形事物、无形事物、物质文明成果和精神文明成果。归纳起来主要有以下几点。

1. 引进新的产品　将消费者不熟悉的新产品或者服务引入市场。

2. 引进先进的生产技术　为生产、制造企业引进尚不被知悉的先进生产技术。

3. 开辟新的市场　进入一个新的市场，该市场可能存在，可能不存在。

4. 获取新的供应来源　原材料或半成品的供应来源有存在的可能，也有尚未发掘或者无法获得的可能。

5. 建立新的组织　建立与产品创新相应的新的组织方式。

（二）创新的作用

1. 创新是发展的动力　创新是一个民族的动力，国家赖之以强，企业赖之以赢，人民生活赖之以好。创新能力的强弱，将成为影响国际社会综合国力竞争的重要因素。世界瞬息万变，唯一不变的是"变化"。社会需要变化，企业需要变化，应对变化，只有不断创新才能推动社会、企业不断前行。"不创新就会被淘汰""创新慢就会落后"已渐渐成为世界商业不成文的游戏规则。

2. 创新是成功的基石　创新是一种态度，可以改变而且正在改变世界。很多我们熟悉的企业，因为创新而迅速崛起并走向成功。马云创新性地把B2B与互联网相结合，快速建立"淘宝""阿里巴巴""支付宝"等集批发、销售、电子支付第三方平台于一体的电商王国。腾讯的"QQ"一直成为人们主要的社交工具，但腾讯没有停止创新的步伐，2011年推出的"微信"让腾讯再创辉煌，月活跃用户2018年已超10亿人。创新让企业充分发挥主动性，深入了解市场，生产商品和提供服务，满足消费者的需求，适应市场的发展。

3. 创新是能力的体现　现代企业，没有犯错不代表你就是优秀员工，企业更青睐于那些勇于创新、善于提出新的创意和点子的员工。在职场流行一种说法：一流员工积极创新，二流员工被动创新，三流员工抗拒创新。

三、创新的类别

（一）知识、产品、管理和营销创新

1. 知识创新　知识创新是获得新的基础科学和技术科学知识的过程。探索新发现、找寻新规律、建立新学说、开创新方法、建设新知识是知识创新的根本目标。知识创新是技术创新成果的基石，是科技进步和经济增长的动力和源泉。知识创新为人类认识世界、改造世界提供新理论和新方法，为人类文明进步和社会发展提供核心动力。

2. 产品创新　产品创新是创造新的产品，或者在原有产品的基础上，进行完善和改进，创造出性能更显著的产品。

3. 管理创新　管理创新是对现有的管理机构和管理模式进行新的改变，在原有的管理基础上，进行创新和改进。

4. 营销创新　营销创新指创立新的营销方式，包括营销理念、产品设计、销售渠道、促销方式、价格策略、购买方式等。当今中国，互联网营销如浪潮一般铺天盖地，人们习惯从线下到线上的购物方式，原有的现金支付，日益被"微信""支付宝"所取代。很多曾经门庭若市的实体店客流量骤减，让商家不得不思考是否加入线上销售。

（二）技术创新和非技术创新

1. 技术创新　技术创新包括产品设计、生产流程、生产工艺、生产模式等方面的创新，是以创造新技术为目的的创新，或以科学技术知识及其创造的资源为基础的创新。前者好比创造一种新的激光技术，后者好比依托现有激光技术基础，开发一种新产品或提升新的服务。两种技术层面的创新，常常合二为一，是企业竞争优势的重要来源，企业可持续发展的重要保障。认识技术创新本质、特点和规律，是技术创新有效管理的重要前提。

2. 非技术创新　创新本身的性质不具备技术性，主要是市场营销、组织管理、制度体制、经济结构、管理模式等方面的创新。非技术创新为技术性创新提供环境、制度和政策的相关保障，作用和影响甚至大于技术性创新。

餐饮行业竞争激烈，只有创新才能赢得顾客。我国某知名餐饮公司通过差异化服务、商业模式革新等非技术创新，使其成为餐饮行业标杆企业。在顾客习惯和偏好上，公司进行了顾客细分；在饮食地域差异上，设计了麻辣、番茄、药膳等不同口味锅底；在价格上，创新采用半份点菜和免费提供水果、粥、小点等形式，弱化顾客价格敏感度；在特色服务上，推出了免费美甲、擦鞋、手机贴膜等；对顾客环境要求上，店内设有包厢、卡座及儿童游乐场，并派专人看管，满足不同顾客需求。创新特色经营，为公司赢得了"五星级"火锅店的美誉。

（三）原创创新与模仿创新

1. 原创创新 原创创新是最根本的创新，是一个民族在人类文明前进步伐中所作出的贡献，是智慧创新的体现。主要包括重要科学创造、新技术发明、全新理念的提出等创新成果。原创性创新是在研究开发方面，获得独有的发现或发明。原创创新有三个特点，一是独创性，发明或发现具有非模仿性和差异性；二是突破性，在原理、技术、方法方面或多个方面，开创了新的变革；三是带动性，对产业结构和产业形态的重大变革。科学、技术原创创新，推动经济进步，带动产业结构变迁，影响产业形态变化。在微观层面上将引发企业竞争态势的变化，在宏观层面上则有可能导致社会财富的重新分配、竞争格局的重新形成。

2. 模仿创新 模仿创新是在模仿的基础上进行的创新，包括模仿后再创新和完全模仿创新两种模式。模仿后再创新，是对发明或技术进行创新和改造，即掌握他人的技术后，进行消化吸收，再"加工"创新，超过他人的创造成果。模仿创新要求企业首先掌握被模仿产品的核心技术，再进行产品功能、外观和性能等方面的改进，使产品更具市场竞争力。

模仿创新的优势在于研发费用的降低和市场培育时间的缩短，既能避免投资风险，又能跳过市场介绍期的各种不稳定性。当然，并不是每一种新技术都能轻易被模仿，中国的知识产品保护意识在不断加强，专利制度不断完善，想轻易获得效益显著的技术显然更不容易了。

四、创新的模式与过程

创新意味着改变，推陈出新无不诉说着一个"变"字，创新的模式新颖多样，选择适当的创新模式，是创新成功的一部分。

（一）创新的模式

1. 产品创新与工艺创新

（1）产品创新 创造新的产品或对产品进行改进，满足顾客需求或开发新的市场。

（2）工艺创新 完善或者变革产品的生产技术及流程，包括新的生产工艺和新设备的更新。美国 James M. Utterback & N. Abernathy（1976）提出的技术发展模型，我们叫 U－A 模式，即产品创新—工艺创新—组织结构三者之间的关系和发展变化。

（3）价值创新 价值创新不仅仅是通过提高产品的技术竞争力，而是为顾客创造更多的价值，吸引消费者，最终使企业与消费者获得更多价值。

2. 维持性创新、颠覆性创新 哈佛大学的克里斯坦森在他的专著《创新者的窘境》中提出了两种创新观点，一种是维持性创新，一种是颠覆性创新。维持性创新是在原有的概念、产品、技术等方面进行新的改进和改变；颠覆性创新是提出新的概念，发明新的或更为先进的产品，创造新的技术。

3. 开放创新、封闭式创新

（1）开放式创新 开放式创新是破除传统封闭式的创新模式，积极引入外来创新。借助外部的创新研究能力，结合内部创新研究能力，共同拓展市场的创新方式。

（2）封闭式创新 封闭式创新相当于在企业的边界筑起了一道厚厚的墙，无论是在企业的研发、销售还是服务阶段都与外界隔绝。所有的项目需要企业独立完成，包括研发、生产、销售、售后及财务支持，当然也需要企业有足够的资金供给以及有力的研发能力。封闭式创新适用于需要保证技术保密、独享和垄断的企业，企业在内部形成"良性循环"。

（二）创新的过程

创新是一个循序渐进的过程，从探索到形成共经历以下四个步骤。

1. 准备阶段 对问题有强烈的探索热情与期望，且有广博的知识、经验积累。

2. 构想阶段 发现或者找寻创新的主体，围绕创新主体，根据已有的理论和收集到的相关问题，提出新的创新构想和设计。

3. 实践与完善阶段 针对提出的创新构思和设计，在实践中进行科学探索。这实际是一个试错的过程，发现问题并寻找问题的解决方式方法，不断完善创新构想。

4. 成果验证阶段 创新构想和设计是否取得成功、是否有价值，只有经过检验和评价才能确定，最后形成成果或者模式。

必备的实践能力——实训环节

创新的本质是突破，即突破旧的思维定式，旧的常规戒律。创业的成功离不开创新，只有不断创新，才能在激烈的市场竞争中处于不败之地。请根据以下案例，完成相应的实训任务。

案例

一个创业大学生的困惑

陈婷书（化名）毕业后走在人生的十字路口，不知道如何选择，是继续考研，还是找一份工作，或者选择创业？因为喜欢甜品，所以决定和三个同学一起创业，在大学附近开了一家名叫"甜心面包屋"的小店。

刚开始满怀信心，但开业一段时间后却发现市场竞争非常激烈，生意差的时候一天连一个顾客都没有。除了要面对周围的市场竞争，还要和线上面包销售竞争，最关键的还是价格问题。由于陈婷书一直坚持要用最好的食材制作面包、糕点，自然而然价格就不会便宜，而周围最主要的消费群体就是学生和上班族，消费能力有限。有人劝陈婷书，用便宜的材料制作能节约很多成本，但被陈婷书拒绝了。面对市场的冷淡，陈婷书感到很困惑，想寻找解决的办法。

（一）实训项目

创新思维训练。

（二）实训目的

1. 巩固相关理论知识。

2. 训练大学生运用创新思维，创造性解决问题的能力。

（三）实训任务

1. 讨论并分析陈婷书现阶段创业面临的主要问题是什么？

2. 用创新的思维帮助陈婷书找寻问题的解决方案。

（四）实训地点

不限。可以根据教学的实际情况，安排在课堂或在学校指定的网络教学平台。

（五）实训要求

1. 教师提前 3 天将实训资料包上传到网络教学平台，要求学生了解实训任务单及实训目的。

2. 课前由教师指导学委将全班分为五个小组，以小组为单位完成下列任务。

（1）对小组成员进行分工，要求有小组负责人、资料收集与整理人员、方案撰写人员、汇报人员、记录人员。

（2）围绕背景资料分组讨论，分析陈婷书现阶段创业面临的主要问题，用尽可能多的创新思维提出具体解决方案。

（3）撰写解决方案并派出代表在课堂进行汇报交流。

（六）评价与考核

1. 采用学生评价与教师评价相结合的方式进行。其中学生评价分为小组自评、小组互评。小组自评、小组互评、教师评分权重依次为 20%、30%、50%。

2. 采用百分制评分。其中方案的格式、内容、现场汇报效果、团队合作情况各占 25 分。

拓展阅读

和田十二法

和田十二法又叫"和田创新法则"（和田创新十二法），即指人们在观察、认识一个事物时，要充分考虑其可行性，是按以下十二个"一"的顺序进行核对和思考，从而获得创造性设想的"思路提示法"。

1. 加一加　在原有事物上增加一些内容，如加高、加厚、加多、组合等。

2. 减一减　在原有的事物上，减轻、减少或省略等。

3. 扩一扩　将原来的事物放大、扩大、提高功效等。

4. 变一变　改变形状、颜色、气味、音响、次序等。

5. 改一改　改缺点、改不便、改不足之处。

6. 缩一缩　压缩、缩小、微型化。

7. 联一联　原因和结果有何联系，把某些东西联系起来。

8. 学一学　模仿形状、结构、方法，学习先进。

9. 代一代　用别的材料代替，用别的方法代替。

10. 搬一搬　移作他用。

11. 反一反　能否颠倒一下。

12. 定一定　定个界限、标准，能提高工作效率。

任务二 了解创业

名人语录

压力是躲不掉的。一个企业家要耐得住寂寞，耐得住诱惑，还要耐得住压力，耐得住冤枉，外练一层皮，内练一口气，这很重要。武林高手比的是经历了多少磨难，而不是取得过多少成功。

——马云

扫码"学一学"

案例讨论

案例： 湖南人最爱吃米粉，尤其是牛肉粉。身处异乡的湖南人经常会感叹要是早上能"唆"一碗粉，那便是一天中最幸福的事情了。北大法学硕士张天一和几位小伙伴从中看到了商机。

为制作地道的湖南米粉，他回到家乡常德，走街串巷几乎吃遍常德的每一家米粉店，虚心学习米粉的制作方法。经过不断学习和反复改良配方，最终在北京开设了第一家"伏牛堂"牛肉粉店。正宗的常德牛肉粉味道和令人耳目一新的经营模式，迅速受到消费者的追捧。"伏牛堂"店内不设服务员，顾客用完餐，需自己收拾碗筷并将垃圾分类放置，作为一起履行环保责任的奖励，则回馈给顾客一份水果。

问题： 1. 案例中张天一创业成功的原因有哪些？
2. 创业需要具备怎样的素养？

必备的理论知识——理论环节

一、创业的含义与特征

（一）创业的含义

创业是创业者对自己掌握的资源或资源整合优化，在个人或者团队的共同努力下，创造出更大经济或社会价值的过程。杰夫里·提蒙斯（Jeffry A. Timmons）所著的创业教育领域的经典教科书《创业创造》对创业的定义：创业是一种思考、推理结合运气的行为方式，它为运气带来的机会所驱动，需要在方法上全盘考虑并拥有和谐的领导能力。事实上，创业是一种劳动方式，是一种需要创业者运营、组织、运用服务、技术、器物作业的思考、推理和判断的行为。

（二）创业的特征

创业是创造出具有价值的事物，需要创业者或者创业团队花费大量的时间和付出极大努力的过程，但并不意味着因此就能获得成功。创业过程中风险与利益并存。风险包括财务、精神、社会领域及家庭等方面，利益包括创业报酬、金钱、独立自主、个人满足等。

1. 创业具有明确的目的性 每个人或团队创业的目的都不同，有的为了生存，有的为了致富，有的为了追求梦想。这种明确的目的性是创业者的源发动力。

2. 创业具有主动性 创业是一份自主性很强的工作，是人们有目的、有意识的活动，是积极进取精神的体现。创业的准备过程中，创业者可以选择适合自己或者自己喜欢的行业和项目创业，也可以自主选择适合的合伙人，选择适当的时间进行创业。

3. 创业具有风险性 创业者与就业者不同，创业者从创业开始就与风险相伴，随时都可能面临险境，甚至变得一败涂地、一无所有。市场竞争越激烈，风险也就越来越大。创业存在着风险，但同时也充满着无限诱惑力，吸引着每一位创业者。

4. 创业具有广阔性 创业可以选择的范围非常广泛，可以选择不同的主体、类型、行业。从创业角度出发，创业主体不受性别、文化、民族、学历等限制，任何职业、任何阶层的人都可以做创业者。从行业角度来说，可以从事生产、经营、管理等领域，可以是食品生产，也可以是化妆品经营等。创业的规模也可以是个人或者更大规模的群体。

二、创业的三要素

创业是将资源、机会和团队进行系统而又有效地结合。三者之间相辅相成，只有三个要素合理匹配，把握平衡，才能取得创业成功。为此，有"创业教育之父"之称的杰弗里·蒂蒙斯（Jeffry Timmons）教授提出了创业机会、创业团队、创业资源三要素的创业过程模型。用一个倒立的三角形，构建三个核心要素。其中机会是核心驱动力；资源是确保创业计划的顺利实施的必要保障；创始人或者团队是创业过程的主导者。这三要素的关系如图 1-1 所示。

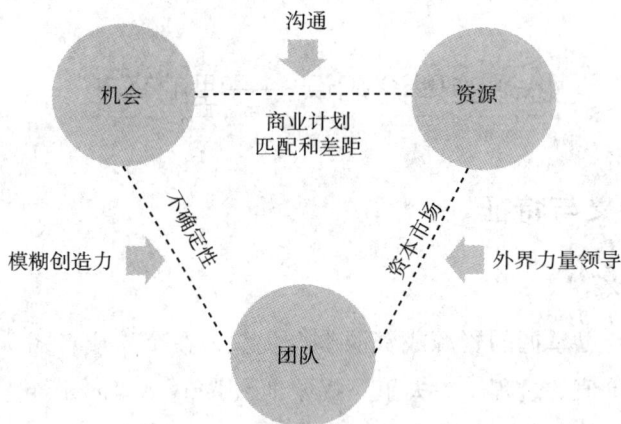

扫码"学一学"

图 1-1 创业三要素

（一）创业团队

创业团队是创业的关键因素，由少数志同道合、技能互补的创业者，为了共同的目标聚集在一起，共同承担风险、共享收益、分工合作。团队合作形成共同体，创造更大价值。创业团队由以下五个要素组成，如图 1-2 所示。

1. 目标 一个成功的团队需要有一个明确的目标和方向，团队成员朝着共同的目标共同努力拼搏。通常情况下，团队内部并不是所有的目标都能一步到位，越高大的目标遇到的阻碍就越多。适当地将目标分解成阶段性可实现的小目标，团队在完成目标时可行性更

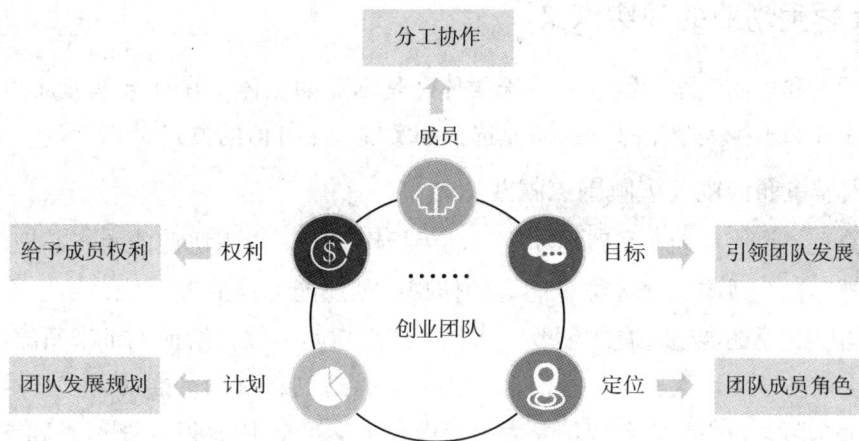

图 1-2　创业团队五要素

高，借此增加团队的成就感，激励团队为实现最终目标积极奋进。

2. 成员　团队成员相互协作，共同完成团队目标任务。在任务过程中，需要团队成员发挥团队精神，群策群力、优势互补。创业团队是创业成功的关键，创业者要充分考虑团队成员的性格、能力、特长，甚至包括家庭等方面的因素以优化团队结构。

3. 定位　定位是每一位团队成员在团队中所扮演的角色，即是团队成员的任务分工。

4. 权利　创业活动的本身是动态变化的，具有复杂性。赋予团队成员与之相匹配的权利，是实现团队成员良好合作的基础。

5. 计划　计划是整个创业团队对未来的发展规划，包含目标和定位，计划的可行性能够促成创业目标的有效实施。计划是对创业实施过程的管控和反馈调整。

（二）创业机会

创业活动的主体是人，在创业的推进过程中，创业环境瞬息万变，只有适时抓住机会，整合资源和培养解决问题的能力，才能更好地去把握机会。一个好的创业思路不一定是一个好的创业机会，这是大多数成功创业者和投资者都明白的一个道理。据调查，创业者的创业计划或建议呈送给投资家时，100 个方案中有 80% 以上在第一轮的面谈中，就被投资者所否定；经过投资者的认真思考和评估后有 10% ~ 15% 被淘汰，最后剩下不到 10% 的创业计划和建议会吸引投资者反复斟酌，多方考察和评估，最后选取的可能不到 5%。小米的创始人雷军曾经说过"只要站在风口，猪也能飞上天"。这所谓的风口，其实指的就是创业机会。机会来了，挡都挡不住。创业机会能促进企业产品开发和市场开拓，有利于促进企业生产，提高企业经济效益，甚至帮助企业摆脱困境。

（三）创业资源

拥有创业资源，是创业者成功的必备条件之一。创业资源包括有形资产和无形资产，是企业创立和创业过程中需要的特定资产。创业资源的表现形式为：企业运营资本、企业发展人才、企业创新技术、企业运行管理。创业者想要获得创业成功，就需要进行资源整合。对于大多数创业者而言，最常面临的难题是诸如资金不足、人才缺失、管理能力有限、技术更新落后等问题。

三、大学生创业的现实意义

在校大学生和毕业生作为创业的特殊群体，是创业的主体。在社会就业压力不断加剧的今天，创业成为不少大学生另一种职业选择和实现人生价值的方式。

（一）大学生通过创业缓解国家就业压力

创业能力是一个人在创业实践活动中，动手操作能力、组织协调能力、心理承受能力、团队合作精神和社会适应能力等综合能力的体现。创业能力强的大学生，不但不会给社会增添就业压力，相反还能通过自主创业，为社会产生新的岗位，给他人带来新的就业机会，从而缓解社会就业压力。大学生创业有利于为社会营造创新氛围，推动国家技术成果和产业发展，增强国际竞争力。为此，国家大力提倡"大学生自主创业"，把鼓励和支持大学生创业作为化解当前社会就业难的主要策略之一。

（二）大学生通过创业实现自我价值

大学生结合自己的兴趣和梦想进行自主创业，做自己感兴趣的、愿意做的、认为最值得做的事情，可以最大限度地发挥自身才能，找到一条适合自己的成功道路，从而实现人生价值的最大化。

（三）大学生通过创业培养创新精神

大学生正处于创造心理的觉醒期，对创新充满激情和梦想，敢于去想，敢于去做，创造力丰富。很多新思想、新理念、新发明和新发现都在这一时期迸发出来，转化为创业动力，创业能够培养学生勇于开拓进取的创新精神。美国作为世界上最发达的国家之一，有一点非常重要，那就是美国的大学生创业率高达 20% 以上。美国前总统里根曾说过："一个国家最珍贵的精神遗产就是创新，这是国家繁荣与强大的根源。"

必备的实践能力——实训环节

发现一个好的创业想法是实现创业愿望和创造商机的第一步。创业想法是用简短而精确的语言，对打算创办的企业业务所做的描述。请根据下列案例，寻找创业机会。

案例

寻找新的创业机会

陈鹏（化名）与他的两个好朋友准备在大学期间创业。考虑到资金和自身专业等实际情况，三人商量后准备针对校园市场，在食品、化妆品或服务方面寻找创业机会。但多次讨论都没有寻找到适合校园市场的产品，为此十分苦恼。

（一）实训项目

挖掘创业想法，寻找创业机会。

（二）实训目的

1. 训练大学生组建创业团队。

2. 培养大学生发现创业机会，培养创新营销思维。

3. 能够用创业的工作思路，创造性地完成学习任务。

（三）实训任务

1. 围绕校园市场，寻找或者设计一种或者几种满足校园学生需求的产品（食品、化妆品）或者新服务。需考虑的问题：企业将销售什么产品或提供什么服务？企业将向谁销售产品或服务对象人群？企业将如何销售产品或提供服务？企业将满足顾客哪些需要？

2. 设计产品（食品、化妆品）或者服务的创新营销思路。

（四）实训地点

不限。可以根据教学的实际情况，安排在课堂或学校指定的网络教学平台。

（五）实训要求

1. 教师提前 7 天将实训资料包上传到网络教学平台，要求学生了解实训任务单及实训目的。

2. 组建创业团队，10 分钟。按 6～8 人为一组，在规定的时间内组建创业团队并进行角色分工。

3. 选定创业产品或者服务，15 分钟。"创业团队"围绕校园市场进行讨论，选定一种创业产品或者服务。

4. 讨论创新营销思路，20 分钟。根据选定的产品，设计创新营销思路。

5. 团队汇报，30 分钟。团队派员进行成果汇报。

（六）评价与考核

1. 采用学生评价与教师评价相结合的方式进行。其中学生评价分为小组自评、小组互评。

2. 师生根据以下几个方面进行综合评价打分。

（1）创业团队分工及团队精神面貌（20 分）。

（2）创业产品或者服务选择理由及卖点分析（30 分）。

（3）创新营销思路（50 分）。

3. 采取百分制。其中小组自评、小组互评、教师评价分别占 20%、30%、50%。

拓展阅读

创业者的创业素质

对创业者来说，创业是非常具有挑战性的社会活动，对创业者的智慧、能力、气魄、胆识有着全方位的要求。大学生创业者想要获得成功，需要具备以下素质：第一，丰富的创新能力；第二，正确的预见能力；第三，果断的决策能力；第四，有效的组织协调能力；第五，灵活的应变能力；第六，良好的社交能力；第七，鼓动人心的激励能力；第八，睿智的用人能力。

扫码"练一练"

? 思考题

1. 创新的作用与内容是什么？我们为什么要创新？
2. 创业的类型与要素是什么？
3. 大学生创业的意义是什么？

（鲍　娜）

项目二　培养创新素质

知识目标

1. **掌握**　创新素质的基本内容、作用和特点。
2. **熟悉**　创新人格的内涵。
3. **了解**　创新人格的基本内容。

能力目标

熟练掌握创新意识的训练方式和塑造创新人格的方法。

任务一　培养创新意识

名人语录

若无某种大胆放肆的猜想，一般是不可能有知识的进展的。

——爱因斯坦

案例讨论

案例： IFSCC 被业内人士称为化妆品界的"奥林匹克盛会"，我国龙头企业百雀羚也受邀而至、光芒乍现。在会上斩获创新金奖，这是中国护肤品牌第一次获得该奖项。

百雀羚这个有着八十六年历史的"祖母级"国产化妆品品牌，为何能超越众多国际品牌快速崛起？这主要缘于百雀羚的创新意识，企业把创新、开放作为最核心的价值观。产品设计、广告创意、创新营销，都独树一帜。他们坚定东方草本护肤这个主体目标，把品质作为生命线，同时提出要力争做 Only One 的东西，从概念、瓶器设计、包装风格都力争做到差异化和独特性。面对品牌的延续和创新，百雀羚坚持体现文化基因，把中国传统文化里东方草本的核心价值和资产体现出来，从而实现与国际品牌的明显区别并实现自我发展的飞跃。

问题： 百雀羚企业为什么能获得"IFSCC"国际大奖？

必备的理论知识——理论环节

一、创新意识的内涵

创新意识是人们根据社会和个体的需要，引起创造新的事物或提出新的观念的动机。

扫码"学一学"

扫码"看一看"

创新意识并不等同于创造性思维，两者既有差别又有关联。创新意识是引导创造性思维的前提和条件，创造性思维是创新意识的必然结果。创新意识是创新人才所必须具备的思想，它是培养和开发创新人才的起点，大学生应注重培养创新意识，为成为创新人才打下良好的基础。

创新意识包括创造动机、创造兴趣、创造情感和创造意志。创造动机是人们创新活动的出发点和源动力，是创造性思维和创造力的前提。创造兴趣能促进创造活动的成功，是促使人们对新奇事物充满好奇和探究的心理动向。创造情感是引起、推进乃至完成创造的心理因素，只有具有正确的创造情感才能使创造成功。创造意志是在创造过程中，不畏艰难、攻克险阻的心理因素，创造意志具有目的性、坚持性和自控性。

二、创新意识的作用

创新意识是一种先进的思维意识，是创新创业的前提和条件。它直接决定创新行为的产生和创业能力的发挥。

1. 创新意识是决定一个国家、民族创新能力最直接的精神力量　当今国际社会，创新能力实际就是国家、民族发展能力的代名词，是一个国家和民族解决自身生存、发展问题、能力大小的最客观和最重要的标志。

2. 创新意识促成社会各种因素的变化，促进社会的全面进步　创新意识源于社会生产方式，它的形成和发展必然会推动社会生产方式的进步，从而推动经济的飞速发展，促进上层建筑的进步。创新意识促使人类解放思想，进一步形成具有开拓意识和领先意识的先进思想。创新意识还会促进社会政治向更加民主、宽容的方向发展，这是创新发展所需要的基本社会条件。这些条件反过来又促进创新意识的扩展，更有利于创新活动的进行。

3. 创新意识能促成人才素质结构的变化，提升人的本质力量　创新意识提出了一种新的人才标准，它代表着人才素质更新的性质和方向。它告诉人们，社会需要具备新思想道德素质、现代科学文化素质、锐意进取、积极向上、勇于开拓、善于思考的高素质人才，从客观上指引人们按新的标准努力提升自我，使人的本质力量在更高层次上得到认可。它激发人们充分发挥个体的主体性、能动性、创造性，进而极大丰富和扩展自身内涵。

三、创新意识的特点

1. 新颖性　创新意识是为了满足新的社会需求，或更好地满足原来的社会需求，用新的方式，创新意识也是求新意识。

2. 社会历史性　创新意识的出发点是提高物质生活和精神生活水平，而这种意识很容易受具体的社会历史条件制约，在阶级社会里，创新意识受阶级性和道德观影响制约。创新意识激发人们的创造活动，更好地为人类进步和社会发展服务，创新意识必须考虑社会效果。

3. 个体差异性　人们的创新意识和他们的社会地位、文化素质、兴趣爱好、情感志趣等相应，它们对创新起重大推进作用。而这些方面，每个人都会有所不同，因此对于创新意识既要考察社会背景，又要考察其文化素养和志趣动机。

必备的实践能力——实训环节

创新实质上确定了一种新的人才标准，它代表着人才素质变化的性质和方向，社会需要充满生机活力的人、开拓精神的人、有新思想和现代科学文化素质的人。

案例

中华老字号——"××饮食"之兴衰

"××饮食"是餐饮行业少有的老牌上市公司，其前身是成立于1956年的国有商业企业——××市饮食公司。旗下聚集了11家特色品牌名店，均是国家商务部认定的"中华老字号"。其中，旗下×店的牛羊肉泡馍制作技艺被列入国家级非物质文化遗产名录。历经60多年的风风雨雨，如今的××饮食却处于在夹缝中生存的窘境。但公司依然固守着传统观念，信奉着"酒香不怕巷子深"，品牌意识缺失、经营管理观念滞后，缺乏整体的产品和品牌规划。

（一）实训项目

培养企业员工创新意识。

（二）实训目的

1. 巩固创新意识相关理论知识。

2. 能够准确分析企业面临的困境及主要原因。

3. 培养学生创新意识，提高解决问题的能力。

（三）实训任务

1. 讨论并为"××饮食"做出正确的SWOT（优势、劣势、机会、威胁）分析。

2. 讨论并分析如何培养企业人员的创新意识？

3. 拟写SWOT分析表和"××饮食公司营销改进方案"。

（四）实训地点

不限。可以根据教学实际情况，安排在课堂或在学校指定的网络教学平台。

（五）实训要求

1. 教师提前7天将实训背景资料上传到网络教学平台，要求学生了解实训任务。

2. 将参加者按4~6人进行分组，每组发三张A4纸。

3. SWOT分析，15分钟。采用头脑风暴进行全组分析讨论，做出SWOT分析表。

4. 提出改进方案，20分钟。根据SWOT分析，讨论如何培养企业人员的创新意识，并撰写改进方案。

5. 团队汇报，20分钟。将学生SWOT分析表投放在屏幕上，学生根据分析表讲解改进方案。

（六）评价与考核

1. 采用学生评价与教师评价相结合的方式进行。其中学生评价分为小组自评、小组互评。

2. 师生对各小组汇报的内容，按以下几个方面进行综合评价打分。

（1）创业团队分工及团队精神面貌（20分）。

（2）SWOT分析表（40分）。

（3）"××饮食公司营销改进方案"汇报（40分）。

3. 采取百分制。其中小组自评、小组互评、教师评价分别占20%、30%、50%。

拓展阅读

大学生培养创新意识和创新能力的重要意义

1. 创新意识和创新能力是大学生素质教育的核心　创新意识和创新能力是人的综合能力的外在表现，它是以深厚的文化底蕴、高度综合化的知识、个性化的思想和崇高的精神境界为基础的。

2. 创新意识和创新能力是大学生获取知识的关键　在知识经济时代，知识的陈旧周期不断缩短，知识转化的速度猛增。在这种情形下，重要的是知识的选择、整合、转换和操作。

3. 创新意识和创新能力是大学生终身学习的保证　在创新意识和创新能力的指引下，大学生有能力在毕业之后，根据所从事的工作不断完善自身的知识和能力结构，更好地达到完善自我和适应社会的目的，从而为终身教育打下坚实的基础。

任务二　锤炼创新人格

扫码"学一学"

名人语录

创新有时候需要离开常走的大道，潜入森林，你就肯定会发现前所未见的东西。

——贝尔

案例讨论

案例：赫某是一个80后年轻小伙，决定将煎饼果子做成"中国式汉堡"，顾客定位为CBD的白领。为了让讲究情调的白领接受，赫某一一出招。营业时间为早上7点到夜里2点半，推出夜间外卖，并打出海报"夜的黑，我们懂"。品质上，坚持用无明矾现炸油条做馅。丰富口味，加入了东北卷饼、四川风味，开发了甜品南瓜羹和紫薯芋头泥，店面采用港式茶餐厅格调；优美背景音乐，店内陈设世界各地的新奇玩意儿，还有各种接地气的宣传招贴。经过一年多的努力，他让这个只有13个座位、十几平方米营业面积，"煎饼果子"实现了华丽转身，年收益达500万的流水，风投估值达4000万元。

问题：1. 赫某这样的创造性人格，对他创业的成功有哪些影响？

2. 赫某具有哪些创业者必须具备的素质？

扫码"看一看"

必备的理论知识——理论环节

一、创新人格的含义

人格源于拉丁文"person",意思是面具、面孔。虽然人格问题是多学科的研究对象,但是每个学科对"人格"的概念都有着不同的界定。创新人格,指一个人在创造活动中,所具备的各种积极心理品质的总和,包括道德、理想、信念、意志、情感、情绪等非智力素质,是创新的内涵所在。

二、创新人格的作用

(一)创新人格是创新意识的内在动力

在竞争日趋激烈的今天,一时的竞争优势容易,但很难维持长期的绝对竞争优势。创新人格,作为一个相对稳定的创新个体心理模型,具备坚定的信念、坚强的毅力和自控能力,成为创新意识的心智要素和内在动力。

(二)创新人格为创新活动提供导向作用

个体的核心竞争力体现在资源整合能力、学习能力、技术革新能力、人际关系、适应能力等综合能力,这正是创新人格外在表现的能力。创新人格在思想上具备质疑性、自立性、独创性,在行为上具有恒久性、敢做性、机动性和自觉性。健全的创新人格,使人在创新创业活动中,不断追寻创新目标,敢于提出新的构想,能够解决创新创业过程中的困难,为成果创新创业提供导向作用。

三、创新人格的基本素质

(一)敢于冒风险的大无畏勇气

创造活动,特别是重大的发明创造活动,是破旧立新的过程,为此,就有可能遭到保守力量的打击,遇到各种来自未知领域的风险、挑战与失败。如果创新创业人员缺少大无畏的勇气,就有可能被种种困难所吓倒甚至被打败。所以,每个创业者需要具备不怕风险、不怕失败、不怕艰险的大无畏勇气。

(二)能有较强的抗压、抗风险的精神

这是确保创始者在遭遇困难、风险、失败或身处逆境的时候,能够坚守底线,秉承初心,攻坚克难,战胜压力,最终获得成功的决定性因素。

(三)有敢于质疑,善于批判继承的探索精神

创造过程实质上是以质疑和发现问题为起点的,通过辩证综合创立新理论、新方法、新设计,并在实践中加以检验或制作,获得新成果的过程。可以说,没有对旧理论、旧工艺、旧制度的怀疑,就不会有新理论、新工艺、新制度的创造。

当然,质疑就代表着创造过程是对旧理论、旧观点的扬弃(批判继承)的过程。又是对多种经批判、鉴别、选择后的观点、材料进行综合创新的过程。创造者,尤其是堪称大

师级的创造者最擅长树立并善于继承和综合创新的精神。

（四）有良好的沟通交流合作能力

随着现代科技的发展和社会的进步，当今的创新工作已经告别个人单打独斗的格局，与他人、团队、别的公司合作才有可能获取成功。临床上，在当代，沟通交流、合作共赢的精神已经成为个人成才，获得创造成果最重要的创新人格之一。

必备的实践能力——实训环节

创新人格对个人的成才，对创造活动的成功、创造成果的产生均能起到导向作用、内在动力作用。我们要做的就是坚持培养创新品质，完善创新人格。

案例

解决企业的人员危机

晨光奶制品销售有限公司（化名）是主营奶粉的终端销售，公司因运营需要，组建了售后服务部。该部门的工作职责是处理产品售后问题和稳固顾客资源。工作内容包括登记、跟踪处理售后问题，电话回访等。由于工作繁琐，劳动时间长，职员离职率居高不下。加之对人员数量需求较大，该部门运营成本高，人力资源部门为此大伤脑筋。但该公司与××职业学院有着良好的校企合作基础，是××职业学院的实习基地、就业合作单位，有校企共建产业孵化基地2个。人力资源管理人员在思考是否可以从这里找到解决问题的出口。

（一）实训项目

培养创新人格，解决企业危机。

（二）实训目的

1. 巩固创新人格相关理论知识。

2. 培养学生塑造创新人格。

3. 运用创新思维寻找解决问题的最佳方案。

（三）实训任务

1. 根据背景材料进行分析和讨论：企业危机产生的原因有哪些？

2. 请为企业人事部门提出解决用工危机的解决方案。

（四）实训地点

不限。可以根据教学时间的实际情况，安排在课堂或在网络教学平台。

（五）实训要求

1. 教师提前7天将实训背景资料上传到网络教学平台，要求学生了解实训任务单及实训目的。

2. 4~6人为一组，采取头脑风暴方式分析问题（10分钟）。

3. 在 4K 素描纸上用思维导图的方式设计小组提出来的解决方案（40 分钟）。

（六）评价与考核

1. 采用学生评价与教师评价相结合的方式进行。其中学生评价分为小组自评、小组互评。

2. 师生对各小组提交的思维导图，分几个方面进行综合评价打分。

思维导图设计、分析问题条理清晰，各占 20 分。

解决问题的方案富有创意、解决方案可行性，分别占 30 分和 50 分。

3. 采取百分制。其中小组自评、小组互评、教师评价分别占 20%、30%、50%。

拓展阅读

聋哑人买五金

一个聋哑人到五金商店去买钉子，先用左手做持钉状，捏着两只手指放在柜台上，右手做锤钉状。售货员递过一把锤子，聋哑人摇摇头，指指做持钉状的左手；售货员终于拿对了。这时候又来了一位盲人，请想象一下，盲人将如何用最简单的方法买到剪刀？

阅读启示：这个小故事告诉我们，当我们面临新问题时，建立在以往经验和知识基础之上的心理定式往往会对我们产生消极影响，成为我们思想行为的障碍。一个人进入思维死角，智力就会在常识之下。所以，我们要打破思维定式，以全新的思维方法来思考问题。

思考题

1. 创新意识的作用有哪些？
2. 创新人格的基本素质是什么？
3. 创新人格对创新的影响有哪些？

扫码"练一练"

（鲍 娜）

项目三　培养创新思维

📖 **知识目标**

1. **掌握**　创新思维的含义、特点及其主要类型。
2. **熟悉**　创新思维的训练方法。
3. **了解**　几种常见的思维障碍的成因及解决方法。

📖 **能力目标**

能够运用突破思维障碍的两种技法解决现实问题。

任务一　了解创新思维

✏️ **名人语录**

一些陈旧的、不切合实际的东西，不管那些东西是洋框框，还是土框框，都要大力地把它们打破，大胆地创造新的方法、新的理论，来解决我们的问题。

——李四光

👉 **案例讨论**

案例： 1912 年，克拉伦斯·伯兹艾（Clarence Birdseye）在加拿大北部工作时，跟当地的爱斯基摩人学习了保存鲜鱼的办法。当地人把鱼放入到 −40℃ 左右的厚冰壳中冷冻起来，保存数周后冻鱼的口感依然鲜美。伯兹艾因此受到启发并发现只要存储温度不超过 −18℃，冷冻食品就可以保存数月。1923 年，他创办了伯兹艾海鲜有限公司，专门贩卖冷冻到 −43℃ 的鱼肉。伯兹艾不断总结经验教训，完善了新型冷冻技术，将鱼封存在蜡纸包中，增压后进行速冻。1925 年，伯兹艾通过浓盐水冷却法，极大提高了冷冻速度，并将冷冻技术的应用范围扩大到蔬菜和其他肉类。后来，伯兹艾将自己的公司和许多专利卖给高盛集团和波斯塔姆公司，伯兹艾牌食品从此开始走向全世界。

问题： 从创新思维的角度，谈一谈伯兹艾是如何发现并改良食品冷冻技术的？

必备的理论知识——理论环节

大学生想要在创新创业上取得成功，应该先要培养自己的创新思维。创新思维有独创、

扫码"学一学"

开阔、灵活等特点，是我们分析和解决问题的强大智力支撑。它可以帮助人们冲破思维障碍，走向创新创业的成功。

一、创新思维的含义和特点

（一）创新思维的含义

创新思维也被称为创造性思维，指的是以新颖、独创的方法解决问题并产生有社会意义的新成果的思维方式或思维活动。

1. 狭义上的创新思维　指的是对整个人类世界、对现有的事物而言，创造出了前所未有的具有重大价值的事物和理论。例如，解决医学难题的某个具有突破性的全新理论。这一层次的创新思维相对小众，只是少数精英的思维活动。

2. 广义上的创新思维　指的是相对个人而言，思考自己所不熟悉的问题，由于没有现成的思路可供套用，创新主体只好通过发散、聚合等方式，提出新办法的思维活动。从广义上看，凡是对某一具体的思维主体而言，能够提出新的、有意义的解决办法的思维方式或思维活动，都可以视为创新思维。它既存在于科学的重大发明中，也存在于日常生活问题的解决中，此时，每个人都有实现创新的可能性。

创新思维的实质是对不合时宜的现实事物进行否定性评价，促进事物的创造、更新、变革和发展的思维。它能突破常规思维的障碍，以非常规的方法、视角去分析特定的问题，提出前所未有的解决方案，从而产生新颖的、有价值的成果。所以，创新思维并非少数发明家或天才人物专有的素质，而是任何一个正常人都可具备的思维方式。

（二）创新思维的特点

创新思维是思维的高级形态，同常规思维相比较，创新思维具有以下五个方面的特点。

1. 独创性　创新思维的独创性，又被称为新颖性、唯一性，指的是思维活动独立于他人思维成果的思维模式，它没有现成的套路可搬，甚至尚无规律可循，在一定范围内具有首创性，必须要打破现成的、常规的思路约束，用与众不同的、前所未有的新角度分析问题并提出新的解决方案。

独创性强调的是思维的个体差异性。具体而言，创新思维的独创性，即创新主体在进行独立思考时，能提出具有新颖性的、有价值的解决方案，并且能够在方案实施过程中不断地完善、促成创新成果。强调思维的个体差异性，则无法丢弃"独特创造"的核心内涵，因此，独创性是创新思维的首要特点。

2. 开阔性　创新思维的开阔性，也被称为开放性，指的是思维活动有多领域、多层次、多方面等开阔空间。此时，思维不再是逻辑实证的、单一的、平面的活动，而是扩充到各种领域、多种层次、全方位的深刻思考。只有这样，才能获得更完善的全新认知，创造出前所未有的新成果。

对于某一个问题，常规思维的思路比较少，思维所涉及的范围也较狭窄，往往只能给出相对固定的解决方式。而创新思维能够打开思路，在广泛的领域内寻找到新的突破点，最终实现创新。

3. 灵活性　创新思维的灵活性，也称变通性，即灵活地应用各种思维方式进行思考。在进行创新思维活动时，没有现成的套路可搬，人们需要转换思路，独辟蹊径。所以思路的迅速变化、思维领域的灵活转移是十分必要的。

灵活性是思维发散的关键。大学生创新创业道路上的阻碍，往往表现为各种"不可能"的难题。例如，当产生了创业的想法而又缺乏启动资金时，不少大学生就选择了放弃，在他们看来，没钱是"不可能"创业的。此时，创新主体的思维发生了中断，思维任务无法继续下去，创业遇到瓶颈、危机重重。只有灵活地发散思维，继续寻找问题的解决路径，才能突破瓶颈、重获生机。

4. 风险性　创新思维的风险性，指的是创新思维活动需要付出一定的代价、可能面临失败的结局。事物是不断发展变化的，这意味着创新思维的实施过程具有一定的风险性。同时，实施创新思维的结果是不确定的，它可能成功，也可能失败，这种不确定性也构成了创新思维活动的风险。

创新思维的风险性，表现为以下两个方面：①主观预判错误、操作不当的风险。对革新创造而言，成功往往源自正确的预判，反之，失败则是预判错误留下的祸根。②外部不利环境的阻挠。创新思维活动是探索未知的活动，它往往需要对传统、偏见发起进攻，这无疑会遭到传统势力、现行权威、现实生活中的偏见等外部因素的反攻，导致受阻或失败。大学生在创新创业中，应该注意从内外两个方面进行风险防范。

5. 综合性　创新思维的综合性，也称概括性，指的是从整体上认识和把握事物的各个部分，从而认识事物的本质和规律的思维过程。创新是综合意义上的创新，创新思维本质上是辩证综合的过程。任何创新创业活动，都需要综合分析创新创业环境、综合利用他人的思维成果，在前人的基础上实现新的突破。

创新思维的综合性，表现为三种思维能力：①总结智慧。表现为善于总结他人的智慧，丢弃其中不合理的成分、突出其精华成分，集各家所长，形成具有独创性的新智慧。②统摄信息。表现为在实施创新思维活动的过程中，将获取的大量信息、资料进行综合分析、科学地概括整理，形成能准确反映客观事物的正确认识，从而作出正确的判断。③辩证分析。辩证分析是创新思维具有综合性的前提，任何综合都是分析基础上的综合，只有辩证地分析事物的不同方面，才能全面地、动态地进行综合，形成切合实际的新认识。

二、创新思维的类型

（一）逆向思维

所谓逆向思维，也称反向思维、求异思维，指的是相反于原有的思维方式或常规结论的思维模式。矛盾无处不在，事物都是对立统一的，具有两面性。因此，思考问题时，既可以从正面出发，也可以从反面出发。从反面思考问题，有时会达到别有洞天、豁然开朗的效果。逆向思维是最常用的创新思维，主要具有三个特点。

1. 普遍性　逆向思维普遍存在于各种领域和活动中。思考问题的时候，我们可以多想想"是不是可以反过来想、反过来做"。

2. 批判性　正向思维以常规性的、常识性的或习惯的思路寻找问题的解决办法。逆向思维则批判正向思维的结论，批判地看待传统、常识和惯例。

3. 新颖性　当常规的解决办法已经不能满足人们的需要时，反向思考有助于找出新的解决方案。例如，人类一般通过进食来解决饥饿的问题。对于无法进食的病人来说，这一方案失效了。于是反过来思考：进食是解决饥饿的唯一办法么？答案当然是否定的，注射营养液等办法也可以解决饥饿的问题。

（二）横向思维

所谓横向思维，也称水平思维，指的是一种在同一水平线上左右推移的思维模式。横向思维是相对于纵向思维而言的。纵向思维即通过一步接一步的设想和推理的一种直线式的思维模式。例如，挖井时纵向思维强调对单一某处进行深入挖掘，而横向思维则强调对多处可能的地点进行挖掘。横向思维有以下三个特点。

1. 同时性 即在确定的时间范围内，研究事物各方面的相互关系，同时采用多种解决方案。例如，"十三五"期间，推动健康中国建设，实施"让人民群众吃得放心"食品安全战略的同时，也要建立覆盖城乡的基本医疗卫生制度和现代医院管理制度。

2. 横断性 即对事物进行横向比较，选取历史的某一横断面，研究同一事物在不同环境中的发展状况，比较特定事物与周围事物的相互关系，研究该事物在不同环境中的表现等。

3. 开阔性 即研究特定事物时，比较众多的事物及其关系，参与比较的事物、关系越多，越有利于深刻认识特定事物的优缺点。

（三）发散思维

所谓发散思维，也被称为多向思维，指的是从特定问题出发，以多种路径去思考多种解决方案的思维模式。一个问题的答案往往不是唯一的，因此有必要朝着各种可能解决的方向，从多角度、多层次、多因素、多方面去整体思考，而获得"一题多解"的开阔视野。现代心理学认为，发散思维是创新思维的核心，它具有以下三个特点。

1. 想象性 即从各个方向思考、解决问题。充分发挥丰富的想象力，有助于打开思路，避免思维的片面性。

2. 流畅性 即能很流畅地针对刺激作出反应，而且流畅地进行思考扩散，无阻碍地完成思维表达。

3. 灵活性 即思维的路径能快速地转换，进而得到更多的解决方案。

（四）聚合思维

所谓聚合思维，也称收敛思维、求同思维、辐合思维，是一种把众多的信息、解决方案聚合到一个焦点上，最终得出合理结论的思维模式。作为收敛、聚合的思维方式，它围绕思考的对象，向着解决问题的中心方向思考。聚合思维主要有以下三个特点。

1. 同一性 即聚合思维追求同一性，在同一性之中找到解决问题的办法。专家在对"长寿村"的研究中发现一个共同点，那就是村民们所饮用的水中富含某种矿物质，并对这个共性进行深入研究，从而找出使人长寿的某个原因。

2. 程序性 即在解决问题的过程中，有一定的操作程序。先做什么，后做什么，都有严格的程序，从而使问题的解决有章可循。

3. 比较性 即找到众多解决问题的途径、方案、措施或答案之后，对它们进行比较，然后选择最合理的那一个。

（五）灵感思维

所谓灵感思维，也称顿悟思维，即解决思路在短时间内突然出现的思维过程。钱学森曾说："我认为现在不能以为思维仅有逻辑思维和形象思维这两类，还有一类可称为灵感。也就是人在科学和文艺创作的高潮中，突然出现的、瞬息即逝的短暂思维过程。"可见，灵感思维是一种非逻辑思维形式，它的产生过程是非常短暂的。灵感思维并非不可捉摸，它有以下四大特点。

1. 突发性　即灵感的产生是不可预料的。人们无法预知灵感会在什么时间、什么地点、受何种因素而触发。从时间上看，它突如其来；从结果上看，它使人意想不到。

2. 瞬息性　即经过潜意识酝酿成熟后产生的显意识灵感，其触发只能维持短暂的时间。灵感爆发之后，停留的时间很短，是瞬息即逝的。

3. 综合性　即灵感思维运转离不开多因素的综合。现代心理学认为，灵感思维可能与潜意识有关，人们所掌握的各种信息在潜意识下互相整合，形成了潜意识综合推论，这一潜在的结论，受到外部的刺激后会忽然"显现"。

4. 模糊性　即灵感所产生的新线索和新想法往往是模糊的，需要深入思考才能清晰呈现。灵感常出现于人们半睡半醒的状态，或是存在于显意识与潜意识的交叉过渡之中。这种模糊性，是灵感思维的突出表现。

必备的实践能力——实训环节

优秀的创业者，无不具备强大的创新思维。然而，强大的创新思维不是天生就有，而是后天训练而成的。为了激发创新思维潜能，有必要开展创新思维的实训活动。请认真学习以下案例，并完成相应的训练任务。

案例

创新思维　绝地回生

"三鹿"商标曾是驰名商标、免检产品、中国名牌，经2008年三聚氰胺事件后，企业损失惨重。2009年，浙江三鹿实业有限公司以730万元的价格，整体打包购买了"三鹿"品牌及相关保护性商标。四年内，浙江三鹿一方面重新定位企业市场为中高端有机粗粮，持有中国有机认证、美国有机认证、欧盟有机认证和日本有机认证等多种认证。另一方面加大公关活动力度，重新打造新的客户基础和品牌名誉。2013年浙江三鹿上市了有机粗粮系列产品，正式重出江湖。有分析师认为，企业此举借助"三鹿"的品牌知名度，通过区分市场的高端产品，可以让经营了50多年的民族品牌重新崛起。

（一）实训项目

认识创新思维的特征，了解创新思维的类型。

（二）实训目的

1. 巩固和深化创新思维的理论知识。

2. 能够在具体的实践中，进一步领会创新思维的特征。

3. 了解常见的创新思维，并体会创新思维对企业的重要作用。

（三）实训任务

1. 讨论创新思维在浙江三鹿实践中的具体特征。

2. 讨论浙江三鹿重新定位市场，属于哪几种创新思维？

3. 组织开展辩论赛，辩题是"竞拍'三鹿'利大于弊还是弊大于利"？

（四）实训地点

授课教室。

（五）实训要求

1. 教师提前 7 天将实训资料包上传到网络教学平台，要求学生了解实训任务单及实训目的。

2. 课前由教师指导学委将全班分为两个小组，完成下列内容。

（1）每个小组各自分析在此案例中创新思维的具体特征。

（2）案例中表现了哪些创新思维？浙江三鹿是如何运用这些思维的？

（3）将全班同学分成正反两个小组组织辩论赛。正方支持竞拍"三鹿"，反方反对竞拍"三鹿"。每组选派一名代表作为辩论赛的评委，评委应熟悉并遵守点评规则。

（六）评价与考核

1. 采用学生评价与教师评价相结合的方式进行。其中学生评价分为小组自评、小组互评。

2. 辩论赛的评委，由两名学生评委、一名教师评委组成，分别对正反方的论点、论证、论据、风格等具体表现进行点评，并进行综合评价打分，选出最佳辩手和胜出队伍。

3. 采取百分制。小组自评、小组互评、教师的评分权重依次为 20%、30%、50%。

> **拓展阅读**
>
> ### 认识直觉思维
>
> 所谓直觉思维，指的是直接领悟事物本质的一种非逻辑的思维形式。直觉一般表现在艺术创作和科学研究过程中，经过长期的冥思苦想，猛然觉察到事物的本质，解决问题的思路立刻清晰起来。心理学研究表明，直觉的产生机制隐藏于潜意识之中。在日常生活和工作中，大脑会不断地接收大量的信息，其中的一部分被潜意识储存起来，并可能改变信息或知识原有的形式和结构。随着信息或知识的不断增多，遇到特定的问题时，大脑在潜隐能量的驱动下，出现了一种趋向性的认知紧张状态。在潜意识的协同作用下，问题和信息朝着一个方向迅速汇聚，新的解决办法忽然产生。这就是"潜意识"唤醒的过程，即"内觉"的过程。

扫码"学一学"

任务二　训练创新思维

✎ **名人语录**

不论在什么行业或领域，提高表现与水平的最有效方法，全都遵循一系列普遍原则。

我们把这种通用的方法命名为"刻意练习"。

——安德斯·艾利克森

👉 **案例讨论**

案例：1995年，庄文阳创立丁家宜品牌。十几年发展下来，丁家宜进入全盛时期。2010年全国多数开放式卖场都能看到丁家宜的护肤品，由于主打二三线城市的市场，边远地区也不乏其柜台，其销量更是排到日化行业前三名，防晒领域的市场份额居全国第一。2010年12月，丁家宜将大部分股权售于全球著名香水公司科蒂集团。2012年，科蒂持有丁家宜100%股份，丁家宜产品的销售人员、销售空间被压缩，当年销量就下滑了50%。2014年6月，科蒂宣布停止销售丁家宜系列护肤产品。至此，"出嫁"的丁家宜，以悲剧的结局收场。2015年8月，庄文阳回购丁家宜，推出新的丁家宜产品。然而，产品特色、销售渠道、品牌形象都已失去优势，经过近3年的努力，丁家宜仍未实现"王者归来"。

问题：从丁家宜的悲剧中，你发现了哪些常见的思维障碍？

必备的理论知识——理论环节

一、常用的训练方法

创新思维的含义、特点及其主要类型，只是创新思维的表面性知识。为了深化认识，还需要掌握几种常见的训练方法，突破常见的思维障碍，以全面激发潜在的创新思维。

（一）逆向思维训练

逆向思维的哲学原理是对立统一规律。事物有正反、利弊等两面性，当正向思考无法完成时，合理的办法是朝相反的方向去思考。逆向思维的思路是无法解决的反面是可以解决。逆向思维是最直接、最常用的创新思维。逆向思维训练方法，主要有以下五种。

1. 属性逆向法 即反向思考事物的属性。例如，美洲大蠊是一种世界性卫生害虫，但它也具有抗肿瘤、治疗心力衰竭及免疫调节等作用。

2. 位置逆向法 即朝着原有位置相反的方向去思考，寻求问题的解决。例如，可由学生讲课，老师聆听点评，以更好地实现教学相长的目的。

3. 缺点逆向法 即从事物的缺点入手，将缺点变为可利用的东西，化不利为有利的思维方法。例如，装水时，"漏水"是竹篮的缺点；装衣服、蔬菜时，"漏水"反而是优点。

4. 方式逆向法 即采取与原方法相对立的方法解决问题的思维模式。例如，治理洪水，有疏通、堵截两种相对立的方式。

5. 因果逆向法 即从原来的结果出发去思考原因，对原事物的因果进行互换思考。例如，对于化妆品过敏，常规思路是：化妆品是原因，过敏是结果。因果互逆法的思路则是：由于易过敏人群（原因）皮肤的某一特质，应该避免特定种类的化妆品（结果）。

（二）横向思维训练

横向思维的哲学原理是整体和部分的辩证关系。其主要思路为：问题的整体解法由部分解法构成，某一种解法不等于问题的所有解法，所以需要横向地找出其他解法。横向思维不固执于某种特定的解法，而是寻找问题的更多解决方案，是极具开阔性的创新思维。横向思维训练，可从以下四个方面入手。

1. 关注事物在不同环境中的横向表现　即横向比较特定事物在不同环境的表现，确定方案的最佳使用环境、适用人群等。例如，适合青少年的补钙类保健品，未必也适合中老年人。

2. 横向比较与其他事物的关系　即通过与其他领域的事物、现象进行比较，进而产生新的解决方案。例如，医学研究发现，洋葱、大蒜、韭菜等很可能降低患胃癌的危险性。食品企业可以横向参考医学领域的这一发现，研发有助于防癌的食品。

3. 怀疑反思各种假定和想法　即抱着怀疑的态度，仔细追究各种假定和想法，不能想当然地看待事物，更不能轻易地得出结论。

4. 找出尽可能多的解决办法　不应固执于一种解决办法，而是尽可能地找到更多的解决办法。例如，选购保健品时，不宜只考虑单一品牌的几款产品，而是尽可能在更多的品牌和产品中进行挑选。

（三）发散思维训练

发散思维假设一个问题有多种答案，并以这个问题为中心，向外散发各种思路，找出尽可能多的答案。思维的对外散发，本质上是一种立体发散法，即思考问题时，思维跳出点、线、面的限制，立体式地展开。例如，立体农业能在不同空间配置资源，在水田、旱地分别种植水稻、玉米等作物。立体发散法的发散方式，如同一个以问题本身为球心、以问题的解决为球面、无数个解决思路从球心散发到球面的球体。其形态如图 3-1 所示。

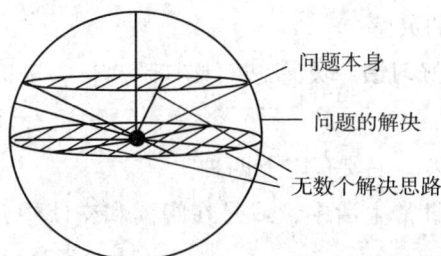

图 3-1　立体发散法的发散方式

常见的发散思维方法，主要有以下几种。

1. 结构发散法　即以某个事物结构为扩散中心，找出该结构的各种可能性。结构决定功能，从事物的结构出发，可以开发该结构或类似结构的功能。

2. 功能发散法　即以事物的功能为扩散中心，找出这种功能的其他用途。

3. 方法发散法　即以解决某种问题的方法为扩散中心，找出这种方法的其他作用。

4. 材料发散法　即以某种材料为中心，找出它的多种用途。

5. 头脑风暴法　即群体一起开会，思考、探讨解决问题的办法。它有两个优点：① 在竞争状态下人的创新思维更容易被激发；② 群体成员的互相启发也利于思路的展开。

（四）聚合思维训练

聚合思维的哲学原理是重点论，即分析事物对立统一的两方面时，分清楚主要和次要，

抓住矛盾的主要方面。抓不住重点，就抓不住解决问题的核心办法。聚合思维需要在多重线索之中找出相对合理的答案，聚合思维训练是解决复杂问题的必然要求。常见的聚合思维训练方法，主要有以下三种。

1. 锁定目标法 即通过认真观察，锁定其中的核心现象和目标，围绕目标进行聚合。因此，应该全面清醒地认识主客观条件，排除条件尚不具备的目标。

2. 辏合显同法 即根据解决问题的某条线索、假设等内容，按一定的标准聚合所掌握的信息，对比分析它们的共同点、找出这些共同点背后的本质。其实施过程有三个步骤：① 对所掌握的杂乱无章的信息材料进行梳理，找出材料所展现的某些突出的共同特征；② 仔细分析材料所展现的共同特征，联系实际情况，提出这些特征的因果假设。如果有些特征缺乏足够的材料证明，则需返回第一步，直到能够证明此特征确实存在；③ 验证第二步的假设，排除掉那些非本质的、繁杂的特征，找出事物的本质特征及其因果关系。

3. 求异思维法 即当某种现象在第一个环境中出现，在第二个环境中不出现，并且这两个环境中只有一个条件不同，那么，这个条件就是引起这一现象的原因。求异思维法的核心是特定条件下出现的特定现象，直接指向引起现象的原因。比起辏合显同法，它所得出来的结论更可靠些。

（五）灵感思维训练

训练灵感思维的前期准备工作，主要有以下三个。

1. 做好知识或经验的储备工作 灵感思维具有综合性，足够的知识、经验储备是灵感得以触发的前提。例如，不懂食品行业的人们，无法产生解决食品问题的灵感。因为他们并无相应的知识储备，所以产生不出对应的灵感。

2. 有目的地思考特定问题 如果没有认识到问题的存在，就不会去寻找相应的解决思路，也就无法产生解决问题的灵感。

3. 培养随时记录想法的好习惯 灵感思维具有瞬息性，随时记录想法的好习惯，有利于抓住转瞬即逝的灵感。

常见的灵感思维训练方法，主要有以下四种。

（1）思想点化法 即在日常生活中，或是在阅读和交谈中，因为他人的思想启示，实现灵感的偶尔触发。

（2）原型启发法 即因为某种事物原型的启发，产生出灵感。例如，可口可乐的玻璃瓶包装造型，其原型就是少女裙子。

（3）情境激发法 即在某种环境下，创新主体的情感受到刺激而触发灵感。例如，1904 年世界博览会的场外，分别有卖冰激凌和卖薄饼的摊点。冰激凌的生意火爆，盛放的托盘用光了。情急之下，卖薄饼的摊贩灵光一闪，将自己的薄饼卷成圆锥状以盛放冰激凌，从此蛋卷冰激凌诞生了。

（4）适当搁置法 即进行过量思考，思路进入僵化状态后，适当搁置问题，放松思维以激发灵感的产生。搁置问题后，可以从事一些其他性质的工作，或者选择休息娱乐活动，以此缓解大脑的紧张和压抑，促使头脑中的潜意识活跃起来。

二、突破常见的思维障碍

每个人都有创新思维，但并不意味着所有人都能运用好创新思维。这是因为，很多人陷入思维障碍中。只有突破这些思维障碍，激发潜在的创新思维，才能在创新创业的道路上脱颖而出。

（一）几种常见的思维障碍

思维障碍可分为思维定式和思维偏见两大类，主要包括书本定式、从众定式、经验定式、权威定式、利益偏见、文化偏见、晕轮偏见等思维障碍。

1. 书本定式　所谓书本定式，指的是盲目信任书本知识的思维状态。具体表现为不会批判性地思考，只关心书本怎么说，奉书上的知识为金科玉律。书本作为信息载体，是人类文明的重要传承力量。通过书本，一代代人的宝贵智慧被保存下来，经典的书本更是哺育了一代又一代人。然而，书本定式往往也能阻碍创新的产生和发展，这是因为：① 书本知识因滞后等原因不符合现实。知识一直在更新，书本知识难免存在滞后的问题。而创新是一种创造性活动，固执于可能已经落后的知识，是无法推陈出新的。② 书本定式阻碍了创新思维的突破精神。创新精神本质上是对现存成果的永不满足，对取得独创性突破的持续渴望。盲目地信任书本，阻碍了创新思维的突破精神。

为此，在进行创新思维活动时，应该辩证地对待书本知识，不能全盘地肯定或否定。我们既要承认书本知识合理的一面，也要认识到书本知识不足的一面，充分考虑现实的情况，积极突破书本障碍，激发创新思维。

2. 从众定式　所谓从众定式，指的是习惯性地盲从众人的思维选择。这种盲从大众、随大流的思维模式，在生活中是很常见的。例如，在陌生的美食街吃东西时，人们往往选择人多的店铺；买东西时，不少人也会把产品的销量当成重要参考。从众定式使人们停止了独创性思考，极大地阻碍了创新思维的运转。

从众定式有以下两大成因：①群体稳定性所施加的群体压力。人是一种群居动物，有维持群体稳定性的需要，否则群体生活将不复存在。但人与人之间的差异性也是客观存在的，为此，往往需要遵从"少数服从多数"的原则。迫于群体压力，人们逐渐忽视了差异性，不再"求异出新"，压制了独创性思维的生长。②个体对群体的依赖性。除了群体给个体施加的压力，个体对群体的依赖性也促成了从众定式。例如，疫情发生时，哄抢板蓝根的行为时有发生。这种依赖性，往往是因为群体选择能带来安全感，使个体不自觉地盲从。

突破从众定式可从以下两点入手：①批判潮流。即批判当下的潮流，不跟从众人的思路、选择，保持自己的独立思考。②在遵纪守法的基础上，勇于做"出格"的事情。开展创新创业活动，往往需要有"第一个吃螃蟹"的勇气。

3. 经验定式　所谓经验定式，指的是盲目相信已有的经验，仅仅根据已有经验去思考和解决问题的思维状态。表现为只会想到"依照惯例"思考问题，而不是"开拓未知"。经验是人类的一笔宝贵财富，如果具备某一方面的经验，往往能更好地解决这方面的问题。然而，经验定式会让人的思维固定化，使人提不出、更解决不了新的问题，这是因为：第一，经验有一定的适用时间。过去的经验知识不一定符合现实，过去可行的办法，现在和将来未必灵验。第二，经验只给出有限的解决方案。迷信有限的解决方案，只会扼杀人的创新思维。因此，我们应该理性地看待经验，摆脱经验定式的束缚。

突破经验定式可从以下两点入手：①认识到自己的无知。人的经验和智慧是有限的，必先承认自己是无知的，才有可能探索未知。认识到自己的无知，就不会盲目相信过去的经验，而是针对新情况、新经验，采取新的解决办法。②大胆采用超越经验的方法。超越经验的方法，即还没有被经验所证明的方法。例如，五百年前，麦哲伦所带领的船队环球航行成功，人类第一次证明地球是个圆球。显然，这是没有被经验所证明的方法。用超越经验的方法，并非无视经验，而是要敢于探索未知，使自己的经验成为全人类的首次经验。

4. 权威定式　所谓权威定式，指的是习惯于把权威意见当成判断对错的唯一标准的思维模式。具体表现为对权威的迷信和过分崇拜，认为权威的话等同于真理、真相、事实。甚至于当权威意见与事实不符合时，不会去质疑权威，而是千方百计地维护权威、否认事实。权威定式会阻碍人的思考、束缚人的思想、扼杀人的智慧，以至于在权威面前无法做出最基本的判断。

权威定式有两大成因：①外界权威的影响、教化。人的成长经历，就是被外界权威的影响、教化的经历。儿童们的权威是父母和老师，父母和老师的话都是真理而且句句管用。成长成年后，人们的知识和经验增多了，开始发现父母和老师的话未必正确，又把专家或名人们当成权威。甚至迷信权威，认为权威人士的理论和意见久经考验，肯定正确无误。②个体知识和经验的限制。人并非全知全能，一个人只能熟悉少数的专业领域，而对其他大多数领域则可能知之甚少。在未知的领域，人们只能求助于领域内的专家。多数情况下，专家们的意见是正确的。久而久之，人们习惯了迷信权威。

突破权威定式可从以下两点入手：①保持独立精神。创新创业活动往往需要在全新的领域内进行的，此时，并没有所谓"权威"。作为开拓者，每一个人都是"新人"。因此，我们要保持自己的独立思考，相信自己的思考和判断。②敢于质疑权威。从时间上看，任何权威都只是一时的权威，新的权威必然会替换掉旧的权威；从空间上看，权威具有地域性，外国的专家未必能够解决国内的问题。因此，我们要勇敢地怀疑、追问、研究权威的意见。

5. 利益偏见　所谓利益偏见，指的是利益相关者[1]因为利益关系，产生一种无意识偏斜的思维状态。需要注意的是，它是在无意识中发生的。具体表现为人们会不自觉地思考如何维护己方的利益，做出各种有利于自己的选择。所谓维护己方利益，既包括维护自己的利益，也包括维护自己的亲属或其他关系亲密的人的利益。如果不克服利益偏见，容易出现"任人唯亲"、发展裙带关系等状况。利益偏见会引导人们选择保守的方案，严重阻碍创新思维的运转。

利益偏见的成因，主要有以下两个：①人类趋利避害的生物本能。在人类的进化过程中，趋利避害的本能会影响到生死存亡。例如，当发现落水者时，最好借助竹竿等工具进行搭救，如果下水救人则要从落水者背面进行搭救，以免被落水者抓抱而陷入险境。②极端利己主义思潮的影响。所谓极端利己主义，是指把"有利于个人"视为唯一的思考起点和行动准则。由于受极端利己主义思潮的影响，一些人为了实现个人利益，可以抛弃良知、漠视法律、坑蒙拐骗、无恶不作。目前，这种极端思潮仍产生着巨大影响，是滋生利益偏见的"病菌"。

1　利益相关者，即与企业生产经营活动和后果具有利害关系的群体或个人。其构成包括股东、雇员、顾客、供应商、媒体等，甚至包括全体公众。广义上说，也可将利益相关者的内涵从企业扩大到整个社会活动。

突破利益偏见可从以下两点入手：①分清合理趋避的界限，思考问题时多反省自己是否属于"利益相关者。"合理的趋利避害是人类生存发展的重要准则，但是不应该违背平等的原则，过度地索取利益。②清醒地看待极端的社会思潮，避免让"时代的悲剧变成个人的悲剧"。为了获取个人的利益，极端利己主义者随时准备牺牲他人的利益，如果推而广之，时代只能是悲剧的时代。我们要批判这种思潮，认清它悖逆文明的本质。

6. 文化偏见　所谓文化偏见，指的是人们对不同文化持有偏颇看法的思维方式。所谓偏颇看法，即有偏向地贬低或抬高某一文化。如种族优越论、民族优越感或自卑感等，在中西文化互评中，有以下两种表现：①有的西方人仰慕中国文化，称赞"21世纪属于中国"，同时宣称西方文化正在没落；也有的西方人以西方文明为中心，歧视中国文化，蔑称中国为"黄祸"。②有的中国人动辄批评"中国文化的劣根性"，认为中国文化远落后于西方文化，中国应该彻底进行西化；也有的中国人以中国文明为中心，认为中国文化才是最好的文化，不应该学习西方文化。文化偏见使得人们陷入一种自大或自卑的思维状态之中，自大则容易忽视可能的创新方案，自卑则阻碍创新思维活动的展开。

文化偏见的成因，可从两方面理解：①文化交流与冲突的社会背景。不同的地域和民族孕育了不同的文化，当两种不同的文化发生碰撞时，由于刻板印象等原因，难免会认为自己的文化更优越或更落后，文化偏见就产生了。②评价主体的个人因素。由于个人生活经验、知识结构、情感个性等不同，评价主体往往带有特定文化的烙印。当人们不能客观评价两种文化的差异，文化偏见就产生了。

突破文化偏见，即正确评价不同文化的差异，可以从以下两个方面入手：①承认文化的历史进程差异。农业文化和工业文化，只是文化历史进程的两种表现。例如，以信息时代高度繁荣下的西方文化为标准，评价尚未充分发展的中国某些落后地区的农业文化，难免产生"中国文化非常落后"的偏见。②以包容的态度，理智地评价自己的文化和其他文化。即在文化交流过程中，能够包容两种文化的历程差异，不产生自卑感或优越感，互相尊重彼此的文化。

7. 晕轮偏见　所谓晕轮偏见，也叫晕轮效应、光环效应，指的是将事物的某方面突出的特征加以放大、泛化，从而忽视其他特征的一种思维偏见。例如，"情人眼里出西施"就表现了晕轮偏见作用下恋人之间的相互"美化"。我们应该克服晕轮偏见，理性看待赞美和批评，清醒地对待不真实的言论，否则将无法认识到事物的全体面貌，更无法产生切合实际的创新思路。

晕轮偏见主要有以下两大成因：①可观测信息的缺乏。由于可观测信息的缺失，人们往往只能从已知的特征泛化推及未知的特征，久而久之，习惯了把局部信息当成完整信息。②评价主体的信息加工能力有限。信息加工能力，指的是创新主体对信息的处理能力，包括对信息的理解、分析、评价、综合等能力。每个人的信息加工能力是相对有限的，表现为对信息的理解出现偏差、分析不够深入、评价有所偏颇、综合不够完善等。

突破晕轮偏见可从以下两点入手：①随时补充最新的观测信息。随时补充事物更多方面的特征，使得事物的全貌逐渐呈现，有助于消除因可观测信息的缺乏而形成的晕轮偏见。②训练信息加工能力。即运用多种创新思维，科学客观地理解、分析、评价信息，对信息进行全面的综合。不能片面地理解、分析或评价某一事物，争取全面、动态地去加工所获取的信息。

在某一具体的思维障碍中，往往同时存在着多种思维定式或思维偏见。因篇幅所限，本书无法列出思维障碍的所有类型。对此，大学生应有清醒的认识，避免陷入"书本定式"的思维障碍。

（二）突破思维障碍的技法

广义上说，思维障碍的实质是无法解决问题的思维状态。如何开拓思维空间、产生新的方案，解决创新创业活动中的复杂问题呢？创造学的发展，给人们提供了众多突破技法。由于篇幅限制，下面仅介绍奥斯本检核表法与和田十二创造法。

1. 奥斯本检核表法　这是以发明者亚历克斯·奥斯本（Alex Faickney Osborn）命名的一种创新技法。在众多的创造技法中，奥斯本检核表法的应用效果显著，是一种非常典型的创造学技法。它提供了9个思考问题的方向（表3-1），帮助人们把思路从正向、逆向、纵向、横向地发散。它的核心是提出和思考问题的角度，而不是强调创新的步骤，因此没必要非得按它的顺序进行。

奥斯本检核表法主要有以下四个优点：①角度多样，可以避免思维的狭隘，有助于打破各种思维定式。它以问题的形式，往外散发人们的想象力，帮助人们对现有事物展开自己的思路。提醒人们从各个角度、观点去看问题，避免单一化的思维方式，从而使问题得到较好的解答。②内容丰富，适用于多种研究对象。奥斯本检核表的九大检核项目，内容涵盖事物的很多方面，具有很广泛的应用价值。③有助于提高思维素质。经常使用检核表，能使人善于提问、思考和想象，善于变换思考的角度，从而提高思维素质。④适应性强。它适合各类不同知识或专业背景的人使用。

奥斯本检核表法的缺点是检核表的问题过多、过细，实施起来比较复杂。此外，有人认为该技法侧重点是对现有事物进行修补改进，一般很难取得较大的突破性成果。

表3-1　奥斯本检核表

序号	检核项目	检核项目的含义
1	能否他用	有无其他用途；保持不变能否扩大用途；稍加改变有无其他用途
2	能否借用	能否引入新的元素、材料、造型、工艺；能否从其他领域、产品、方案中引入其他的创造性设想
3	能否改变	能否改变制造方法；能否改变现有事物的要素，例如颜色、声音、味道等，改变后效果如何
4	能否扩大	能否扩大寿命；能否通过增加长度、宽度、强度、速度等方式扩大使用功能、扩大适用范围
5	能否缩小	能否浓缩、简化；能否缩小体积、减轻重量、拆分或省略某些部分
6	能否替代	现有事物能否在材料、结构、设备等方面有所代替
7	能否调整	能否对现有事物的位置、时间、顺序等要素进行调整；内部元件可否交换
8	能否颠倒	能否从内外、上下、左右、前后、横竖、主次、因果等方面对现有事物进行颠倒
9	能否组合	能否重新组合现有事物的原理、材料、结构和功能

运用奥斯本检核表时，有三个关键的实施步骤：①根据创新对象明确需要解决的问题。②根据需要解决的问题，参照表中列出的项目，运用各种创新思维能力，仔细核对其中的每一条，尽可能多地写出自己的新设想。③在新设想中，筛选出最有实际价值和最具创新性的设想。

运用奥斯本检核表法，应该注意以下三点：①要联系实际，适当改变检核的内容。应该根据活动的主要目的、检核对象的主要特点和具体的应用环境，灵活地运用检核表的特定内容。②进行多次检核，以取得更好的效果。短时内思路并不能完全散发开来，多次检核可以使创新思维能力得到充分发挥。③个人检核与多人检核并用。可以个人单独地检核，也可以多人共同检核。集体检核可以互相激励，更有希望创新。

2. 和田十二创造法　该法也被称为"发明中12条聪明的办法"。该法可以记忆成"加减扩缩变改""联学代搬反定"。它吸收了奥斯本检核法的精华，简便好记，不失为一种优秀的创造技法。详见"项目一　认识创新创业"中的"拓展阅读"。

必备的实践能力——实训环节

纸上得来终觉浅，绝知此事要躬行。训练创新思维，不只是要掌握几种常见的创新思维训练方法、辨别几种常见的思维障碍、学会一些突破思维障碍的技法，而是要在实践中训练创新思维。因为创新思维的认识来源于实践，最终的意义也在于指导实践。请认真学习以下案例，并完成相应的训练任务。

案例

方便面的发明与创新

1958年，安藤百福发明了方便面，至此这一"20世纪伟大的发明"得以行销于世。当时，一碗热腾腾的面成为很多日本平民的重要生活需求。在寒冷的冬天，人们也会在拉面摊前排起几十米长队，事业进入低谷期的安藤百福忽然产生灵感，决定发明一种用开水冲泡的方便面。他通过多种尝试，终于实现了这个目标。刚开始，方便面是袋装型的，其售价也为日常面食的好几倍，安藤百福以新奇为噱头，最初的好几年获利颇丰。然而，在方便面生产厂商的激烈竞争下，方便面的价格逐渐降低，利润有所下降。对此，安藤百福经过考察，又发明了杯面和碗面，牢牢地占据了日本方便面市场；针对欧美人的用餐习惯，配备了叉子等便利工具，一举打开了国外市场。

（一）实训项目

突破思维障碍，训练创新思维。

（二）实训目的

1. 巩固创新思维相关理论知识。

2. 能够正确辨别几种常见的思维障碍及其对学习、工作造成的不利影响。

3. 能够突破思维障碍，创新工作思路，创造性地完成学习和工作任务。

（三）实训任务

1. 讨论并分析案例中安藤百福克服了哪些思维障碍？

2. 讨论并分析安藤百福是如何克服思维障碍并一举打开国外方便面市场的。

3. 拟写创新工作方案。

（四）实训地点

不限。可以根据教学实际情况，安排在课堂或在学校指定的网络教学平台。

（五）实训要求

1. 教师提前 3 天将实训资料包上传到网络教学平台，要求学生了解实训任务单及实训目的。

2. 课前由教师指导学委将全班分为五个小组，完成下列内容。

（1）每个小组分别选取一种思维训练方法，分析这些方法在此案例中的表现。

（2）案例中表现了哪些思维障碍，安藤百福克服了哪些思维障碍?

（3）根据下列材料，拟写一份《××方便面营销创新方案》。每组选派一名学生代表，在课堂交流；如为线上活动，则将材料提交到平台。

（六）评价与考核

1. 采用学生评价与教师评价相结合的方式进行。其中学生评价分为小组自评、小组互评。

2. 师生对各小组提交的《××方便面营销创新方案》，从选题、内容、逻辑、语言等几个方面进行综合评价打分。

3. 采取百分制。其中小组自评、小组互评、教师评价分别占 20%、30%、50%。

拓展阅读

六项思考帽法

六项思考帽法是英国著名学者爱德华·德·波诺（Edward de Bono）博士的代表作，是一种应用广泛的思维训练模式。它用六种不同颜色的帽子代表六种不同的思维模式。其应用步骤有六步，分别是：①象征着客观和中立的白帽，陈述问题；②象征创新和改变的绿帽，提出解决问题的方案；③象征着积极和乐观的黄帽，评估该方案的优点；④象征冷静和反思的黑帽，列举该方案的缺点；⑤象征着预感和直觉的红帽，对该方案进行直觉判断；⑥负责系统和控制的蓝帽，总结陈述，作出决策。六项思考帽法能够帮助人们从思辨中解放出来，理清思路，亮明各种观点，最终找出解决问题的办法。

思考题

1. 创新思维，都有哪些特征和类型?

2. 怎样突破几种常见的思维障碍?

3. 用奥斯本检核表检核你感兴趣的一种食品、保健品或者化妆品。

扫码"练一练"

（赵建光）

项目四　把握创业机会

知识目标

1. **掌握**　产生创业构想的条件；创业机会的特征。
2. **熟悉**　产生创业构想的原因；创业机会的来源。
3. **了解**　创业构想的含义；创业机会的类型；创业计划书的作用。

能力目标

1. 能够运用所学知识，正确识别并评价创业机会。
2. 掌握创业计划书的写作格式和写作方法，能够撰写规范的创业计划书。

任务一　产生创业构想

名人语录

商业的秘密就是知道别人不知道的事情。

——亚里士多德·奥纳西斯

案例讨论

案例："老干妈"的创始人陶华碧早期在贵阳市南明区龙洞堡的一条街边开了一个简陋的餐厅，专卖凉粉和冷面。一次偶然的机会，她发现，来她家餐厅就餐的顾客，主要是冲着她做的麻辣酱来的。机敏的她一下就看准了麻辣酱的市场潜力，从此她便潜心研究起来。经过几年的反复试制，她制作出风味非常独特的麻辣酱。很多顾客每次除了吃凉粉，还会带一些麻辣酱回去，甚至有人专门到她的店里来买麻辣酱。街道那些卖凉粉的餐馆和食摊，因为用了她家的麻辣酱作佐料，生意都非常红火。她想："有这么多的人爱吃我的麻辣酱，我还卖什么凉粉？"1996年，她停办了餐馆，借房子办起了食品加工厂，专门生产麻辣酱。这就是今天市场上有名的"老干妈"麻辣酱。

问题：陶华碧女士决定开设食品加工厂的原因和条件是什么？

必备的理论知识——理论环节

当代很多大学生想创业，却苦于不知道从何入手。其实创办一家公司并不神秘，我们首先需要迈出第一步，即发掘一个好的创业构想。在创办一家企业之前，创业者需要对期望经营的企业有一个明确的想法。

一、创业构想的含义

创业构想是指某一个人或组织识别到机会或者在市场中发现需求的回应。万事开头难，良好的开始是成功的一半。创业难，发掘一个好的创业构想更难。因此，在诸多的创业想法中筛选出一个适合自己的、可以盈利的想法至关重要。一个好的创业构想需要思考以下几个方面。

1. 提供什么产品或服务 创业构想首先要明确企业为顾客具体提供什么样的产品或服务。

2. 满足顾客的哪些需求 创业构想应始终关注顾客以及顾客的需求。考虑创业构想时，调查潜在的顾客需求是至关重要的任务。例如，针对年轻女性顾客喜欢轻奢品的需求，那么，开一家轻奢品店是个不错的想法。

3. 顾客定位 顾客是每个企业重要的组成部分。谁将会是顾客？他们有足够的消费能力来购买产品或服务吗？他们愿意来消费吗？

4. 销售产品或服务的方式 如果只是开一家零售商店，销售方式会比较简单；而对于制造商或者服务提供商，则将会面临方式的选择：① 直销还是分销给零售商；② 线上销售还是开设线下实体专卖店销售。

二、产生创业构想的原因

产生创业构想的原因主要有以下几个。

1. 对市场需求及需求变化的反应精准 市场是由那些有需求并且能够购买需求的消费者构成的，对市场上的这些因素保持敏感并深入调研，往往会产生相应的创业想法。比如，随着人们生活水平的提高，人们不再满足于吃得饱、吃得好，而是追求吃得健康、吃出美味。所以，目前餐饮界中的一些主题馆如素菜馆、药膳馆、私房菜馆等食客增多，且有供不应求的趋势，这会激发越来越多的创业者开辟更多更好的主题餐饮店。

2. 对流行趋势和流行元素的把握 由于流行趋势和流行元素的变化将会产生新的商业机会，创业者可以用新的产品或服务来满足顾客新的需求。"老干妈"就是典型案例。

3. 技术不断更新的刺激 科学技术作为核心竞争力在全球经济的竞争中越来越发挥其重要的作用，迫使企业不得不创新、再创业。曾经的胶卷相机已经被数码相机替代；现在的手机照相功能越来越可媲美单反相机。这些技术的更新，必将影响企业的产业结构与布局。

4. 延长产品生命周期的需要 所有的产品都有自己的生命周期。随着社会的发展，人们需求的多元化，产品的生命周期将会越来越短。这对企业产品的更新提出了更高的要求。因此，企业要制订一份新产品和产品成长的计划。

5. 降低风险，提高竞争能力的需要 据调查，很多的创业想法在实践过程中是失败的。因此，我们有必要尽可能多地提出新的想法、新产品和新服务，这样既可降低风险，又可走在竞争对手前面，减少失败次数。

三、产生创业构想的条件

一个好的创业构想必定是基于一定的条件之上，这跟创业者本人的素质、能力、关注点等密切相关。

1. 结合个人的爱好和兴趣产生创业想法　爱好和兴趣是创业最好的原动力，会使一个人对所从事的事情具有长久的关注力和执行力。很多从事餐饮行业的老板本身就很喜欢美食，这就把爱好和创业进行了美好的结合，有利于持久坚持并获得成功；即便创业失败，也会变成一种不可多得的人生体验。

2. 结合个人的经验和技能产生创业想法　根据调查发现，很多创业成功的人都是在自己熟悉和擅长的领域创业。个人具有的专业特长，特别是大学生自身的专业将会对以后的创业方向产生深远的影响。食品类专业的大学生将来在营养配餐、智慧烘焙、茶艺文化、食品快检等食品领域创业成功的可能性更大。

3. 通过获得特许经营产生创业想法　特许经营是指特许经营权拥有者以合同约定的形式，允许被特许经营者有偿使用其名称、商标、专有技术、产品及运作管理经验等从事经营活动的商业经营模式。而被特许人获准使用由特许权人所有的或者控制的共同的商标、商号、企业形象、工作程序等。在中国，餐饮业和服务业采用特许经营的企业占比较高。很多的餐饮和食品、化妆品零售连锁店就属于特许经营。

4. 通过市场调查挖掘创业想法　创业想法的来源就是消费者的需求。通过市场调查了解消费者的需求是提供产品和服务的基础。可以通过正式或非正式的交谈、问卷调查、访问、观察等方法来完成；也可以与家庭成员、朋友、邻居交谈，还可以向批发商、代理商、零售商咨询，了解消费者的现实或潜在的需求，从而启发创业想法。

5. 在抱怨或痛点中寻找创业灵感　消费者的抱怨或者痛点将会催生出很多新的产品或服务。抱怨或痛点意味着是烦恼的事，人们总是希望得到迫切的解决，如果这时候能够提供解决的办法，就是找到了市场缝隙。例如，由于生活节奏的加快，很多都市人没有时间买菜，这时候就有了建立送菜公司的想法；当二胎时代来临，与之相应的二胎宝宝的产品和服务的公司就会增加。当我们抱怨雨天上下车不方便时，就有了设计并生产出适合上下车携带的雨伞的点子。

6. 在变化中获得创业灵感　变化意味着机会。政策、环境、消费结构、产业机构、人口结构的变化都会给各行各业带来良机，观察、把握这种变化，就会发现新的前景。例如，我国政府重视人民的健康，在政策方面就有相应的倾斜，由此带来健康的食品、药品、健身器材、健身场所的需求将会大量增加；精准扶贫、乡村振兴战略的实施，吸引了不少人到农村创业。

7. 基于创造发明获得创业灵感　创造发明为大家提供了新产品、新服务，同时也带来了大量的创业机会。例如，借助互联网技术的发展，当今的人们可以实现线上线下的工作与生活的同步；美团、VR药房等应运而生，相应的创业点子层出不穷；再如，对于顾客进行分类的思维引发了专门针对白领女性的高端美容业的创业想法等。

必备的实践能力——实训环节

一家成功的企业始于一个好的创业构想。契合实际并且有发展前景的创业构想会极大程度地规避创业的风险。想要创业成功，第一步就是尽可能多地去挖掘创业想法。请认真学习以下案例，并完成相应的训练任务。

案例

不断前行的大学生创业者

小刘是一名来自贫困地区的大学生。他的家乡是有名的贫困县，十年九旱。大学毕业后他回到了家乡，想通过生态养殖和种植带领村民致富。他向乡里和县里的领导报告了自己的想法，政府很支持，特地给他划拨了一块山做养殖，还批了 5 万元无息创业资金。最初，他种植了一批抗旱保湿的经济作物，第一年回收了部分投资。第二年他大量养殖了优质的肉牛和肉羊。现在，他成立了生物制品有限公司，将绿色无污染的山里中药、食材成品销往欧美国家，乡亲们也在他的带领下致富了。

（一）实训项目

挖掘创业想法，形成创业构想。

（二）实训目的

1. 拓宽思路，挖掘创业想法。

2. 能够从大量的创业想法中筛选出适合自己的创业构想。

（三）实训任务

1. 讨论并分析案例中的大学生创业者在创业过程中产生过哪些创业构想？

2. 通过头脑风暴法、调查法等方法列出创业想法清单。

3. 分析所列出的创业想法清单，根据条件选出最适合的创业构想并说明依据。

（四）实训地点

教室和学校指定的网络教学平台。

（五）实训要求

1. 教师提前 7 天将实训资料发给学生，要求学生了解实训任务单及实训目的。

2. 由教师指导学委将全班分为五个小组，以小组为单位完成下列内容。

（1）各小组在学习平台展示以上案例中创业者小刘的创业构想历程。

（2）各小组在学习平台分别展示列出的创业想法清单。

（3）各小组分别派一名学生在课堂现场汇报所在小组的创业构想并阐述原因和依据。

（六）评价与考核

1. 采用学生评价与教师评价相结合的方式进行。其中学生评价为小组互评。

2. 师生对各小组提交的创业想法清单及最适合的创业构想，从数量、形成过程、与条件的契合度、语言等几个方面进行综合评价打分。

3. 采取百分制。其中小组互评、教师评价分别占 50%。

拓展阅读

创业需要梦想和毅力

马云曾经说过创业第一要有一个梦想，第二要有毅力。他从开始创办黄页，再到创立阿里巴巴，其创业的过程非常艰辛。但是因为有梦想和毅力，才取得了如今的成就。在《2018 胡润全球富豪榜》上，马云及其家族财富以 2000 亿元人民币位列大中华区第 4 位，全球第 26 位。温家宝总理曾评价马云是一个有理想的人，拥有一个不屈的灵魂。

任务二　识别创业机会

扫码"学一学"

名人语录

善于捕捉机会者为俊杰。

——歌德

案例讨论

案例： 1987 年，娃哈哈集团创始人宗庆后创办了一个经销部，靠代销汽水、棒冰及文具纸等开始了创业历程。后来，宗庆后通过市场调研得知，随着国民生活水平和经济水平的提高，保健品市场越来越活跃。于是，他对保健品市场进行进一步的分析比较，发现当时我国的儿童营养品市场是一个空白领域，并且我国有很多孩子出现偏食厌食、营养不良的问题。随后，宗庆后寻求了浙江医科大学营养系的技术支持，研制出"娃哈哈"系列产品，并获得了良好的经济收益。经过多年的运营，娃哈哈公司逐渐发展成为一家多元化的大集团。

问题： 娃哈哈集团创始人宗庆后是如何识别并抓住创业机会的？

必备的理论知识——理论环节

所有的创业行为都来自于好的创业机会。创业团队及投资者在创业之前都会对创业项目的前景满怀信心，然而，现实告诉我们，大部分创业想法是不能实现的。创业本身具有较高的风险，因此创业者需要识别创业机会，并对其进行评估，筛选出适合自己的创业项目。

一、创业机会的来源

创业机会是指具有较强吸引力的、较为持久的有利于创业的商业机会，创业者可以为客户提供有价值的产品或服务，并同时使创业者自身收益。创业机会的来源主要包括以下几个方面。

（一）顾客需求的问题

顾客各方面的需求在没有被满足之前就是问题，满足顾客的需求是创业的主要目的。在生活和工作中存在的各种各样的问题提供了诸多创业机会。例如，随着我们生活条件越来越好，人们膳食中的营养成分含量过高，导致"三高"病人越来越多，由此催生出了专门针对"三高"人群的食品和营养品。

（二）市场环境的变化

不断变化的市场环境带来的市场结构和需求也在发生变化。这种变化主要体现在产业结构和消费结构的调整、人口结构和需求的变化、居民收入的提高、城市化加速、政府政策的变化、经济日益全球化等。如人民收入的提高和消费观念的改变，拉动了旅游市场的快速扩张，由此衍生出了与旅游相关的一系列创业机会。

（三）新知识、新技术的产生

人们的消费观念受到新知识的影响发生改变，而新技术可以满足甚至改变人们的消费需求。当今信息化时代，互联网技术正在深刻地影响着消费者和企业，企业也在考虑如何充分利用移动互联网向顾客提供产品或服务。

（四）发明创造

发明创造提供了新的产品和服务，能够更好地满足顾客需求。根据历史发现，每一次重要的发明创造都为社会带来了重大的产业机构的调整，产生出了无数的创业机会。例如，互联网和手机的诞生，完全改变了我们的生活方式，也催生出了网络销售、网络学习、信息服务等商机。

（五）来自竞争

竞争对手的缺陷和不足也蕴藏着创业机会。仔细观察竞争对手并与他们进行对比，如果能够比他们提供更方便、更快捷、更实惠的服务，那就等于找到了创业机会。例如，"饿了么"送餐上门的服务模式已经完全改变了人们的生活方式，提供的服务让消费者节约了时间成本，因此获得了巨大的市场和盈利。

二、创业机会的类型

根据来源不同，可以将创业机会分为问题型机会、趋势型机会和组合型机会三类。

（一）问题型机会

指现实中没有被解决的问题所产生的一类机会。这类机会在人们的生活和实践中无处不在。例如，针对消费者的抱怨和痛点而产生的大量的创业机会就是问题型机会。

（二）趋势型机会

是指在变化中看到未来的发展方向，预测到将来的潜力和机会。趋势型机会一般发生在变迁的时代和重大改革时期，例如，中国的改革开放时期、互联网时代都产生了很多新的创业机会。

（三）组合型机会

是指将现有的两项以上的技术、产品、服务等因素组合起来，以实现新的用途和价值从而获得的创业机会。这种组合机会属于因素重构，往往能做到效果倍增。将农产品种植与农家乐相结合，绘画和插花体验相结合就是典型的组合型机会。

三、创业机会的特征

（一）价值性

创业机会的价值性不仅体现在为顾客带来价值，同时也体现在为创业者带来经济价值和人生价值。一个创业机会往往是收益与风险并存，只有收益大于风险，创业机会才具有价值性。

（二）吸引性

一个好的创业机会必定对顾客产生强大的吸引力，满足顾客的某种需求，才会有丰厚的收益。如医院的一卡通解决了病人排队等候、医院诊疗卡片过多的问题，受到了顾客的欢迎。

（三）可行性

创业者运用 SWOT 分析方法，对自己的优势和劣势以及外部环境的机会和威胁进行充分评估，对创业机会的可行性进行深入的认证。需要重点评估所拥有的人、财、物、时间、信息和技能等能否达到实现创业机会的要求，如果能够达到，该创业机会则可行。

（四）时效性

机会存在的时间是有期限的，在存续时间内发现并利用机会才能促成创业成功。前两年共享单车项目风靡全球。但到 2018 年，共享单车市场过度饱和，不少公司纷纷倒闭或转向经营，这就表示共享单车的黄金发展期已经过去，机会之窗越来越小。

四、评估创业机会

创业是一种高风险行为，据调查近一成的创业者在创办企业不到一年的时间即宣告结束。因此在创业前对创业机会作出客观科学的评价，将会大幅提升创业的成功率。在国内外的创业研究中，使用较多的是杰弗里·蒂蒙斯创业机会评价体系和 SWOT 分析方法。

（一）杰弗里·蒂蒙斯创业机会评价体系

美国著名管理专家杰弗里·蒂蒙斯创业机会评价体系中涉及 8 个维度 53 项指标，如表 4 - 1 所示，该体系通过定性或定量的方法来评价一个创业企业或项目的投资价值和机会。

表 4 - 1　杰弗里·蒂蒙斯创业机会评价表

指标维度	具体指标
行业与市场	市场容易识别，可以带来持续收入
	顾客可以接受产品或服务，愿意为此付费
	产品的附加价值高
	产品对市场的影响力高
	将要开发的产品生命力长久
	项目所在的行业是新兴行业，竞争力不完善
	市场规模大，销售潜力达到 1000 万 ~ 10 亿元
	市场成长率在 30% ~ 50% 甚至更高
	现有厂商的生产能力几乎饱和
	在 5 年内能占据市场的领导地位，达到 20% 以上
	拥有低成本的供货商，具有成本优势

指标维度	具体指标
经济价值	达到盈亏平衡点所需要的时间在 1.5~2 年以下
	盈亏平衡点不会逐渐提高
	投资回报率在 25% 以上
	项目对资金的要求不是很大，能够获得融资
	销售额的年增长率高于 15%
	有良好的现金流量，能占到销售额的 20%~30% 以上
	能获得持久的毛利，毛利率要达到 40% 以上
	能获得持久的税后利润，税后利润要超过 10%
	资产集中程度低
	运营资金不多，需求量是逐渐增加的
	研究开发工作对资金的要求不高
收获条件	项目带来的附加价值具有较高的战略意义
	存在现有的或可预料的退出方式
	资本市场环境有利，可以实现资本的流动
竞争优势	固定成本和可变成本低
	对成本、价格和销售的控制较高
	已经获得或可以获得对专利所有权的保护
	竞争对手尚未觉醒，竞争较弱
	拥有专利或具有某种独占性
	拥有发展良好的网络关系，容易获得合同
	拥有杰出的关键人员和管理团队
管理团队	创业者团队是一个优秀管理者的组合
	行业和技术经验达到了本行业内的最高水平
	管理团队的正直廉洁程度能达到最高水平
	管理团队知道自己缺乏哪方面的知识
致命缺陷	不存在任何致命缺陷
创业家的个人标准	个人目标与创业活动相符合
	创业家可以做到在有限的风险下实现成功
	创业家能接受薪水减少等损失
	创业家渴望进行创业这种生活方式，而不只是为了赚大钱
	创业家可以承受适当的风险
	创业家在压力下状态仍然良好
理想与现实的战略性差异	理想与现实情况相吻合
	管理团队已经是最好的
	在客户服务管理方面有很好的服务理念
	所创办的事业顺应时代潮流
	所采取的技术具有突破性，不存在许多替代品或竞争对手
	具备灵活的适应能力，能快速地进行取舍
	始终在寻找新的机会
	定价与市场领先者几乎持平
	能够获得销售渠道，或已经拥有现成的网络
	能够允许失败

杰弗里·蒂蒙斯创业机会评价体系是目前最全面的评价体系，本体系最适合风险投资家使用，它将涉及的所有因素都纳入进来，这样有利于全面地分析创业机会的优劣、是否适合投资等。当然，由于该评价体系对评价的主体要求较高、维度指标有交叉重复、定性和定量混合等问题，因此对其使用的效度会产生一定的影响。

（二）SWOT 分析方法

SWOT 分析法是创业企业进行机会评估的一种重要的方法。S（strength）代表优势，W（weakness）代表劣势，O（opportunity）代表机会，T（threat）代表威胁。创业者经常使用这种方法来分析整个行业和市场，以便于正确识别和评价机会。其中，O、T 为企业外部因素，S、W 为企业内部因素。通过分析，找到企业与竞争对手分别具有哪些优势和劣势，还可以找出存在哪些对企业有利的发展机会和对企业有威胁的因素，以帮助企业发挥自身的优势、克服劣势，充分利用外部的机会，采取措施规避风险。

我们在进行 SWOT 分析时，需要将所有的内部因素和外部因素都列出来，然后对这些因素进行评估，构建如表 4－2 所示的 SWOT 分析矩阵表。

表 4－2　SWOT 分析矩阵表

SWOT	Opportunity（机会）	Threat（威胁）
Strength（优势）	SO（发挥优势，利用机会）	ST（利用优势，挑战威胁）
Weakness（劣势）	WO（利用机会，克服劣势）	WT（克服劣势，回避威胁）

在做完因素分析和 SWOT 矩阵后，可以制订相应的行动计划。其基本思路是尽可能增加内部优势，减少劣势，最大限度地利用外部机会，化解威胁，综合各方面因素考虑得出企业创办及发展的对策。

必备的实践能力——实训环节

一个好的创业构想不一定是一个好的创业机会。对于创业机会，我们要学会识别并对其进行评价，将最切实可行的、对自己最具有竞争力的创业机会开发出来并予以实施。请认真学习以下案例，并完成相应的训练任务。

案例

紧跟时代的水果电商

某大学大四的学生黄铁森从 2013 年起在微信上卖水果。开始，以"个"为单位将水果卖给不愿意出门购物的同学，自己承担了进货、仓储、分拣、配送的环节。在分拣和配送没有形成一套规则的时候，一天只能完成 1000 元订单。几个月以后，他慢慢摸清楚了规则，应用物流与供应链的思路做电商，每个环节都形成系统化，每天可以完成 4000 元的订单量。

（一）实训项目

创业机会识别及评估。

（二）实训目的

运用 SWOT 分析法对创业机会开展评估，选择最可能成功的创业机会并实施。

（三）实训任务

1. 讨论并分析案例中黄铁森同学的创业项目的核心优势，在创业前后阶段发生了哪些变化？

2. 如果你计划开一家保健品或食品销售公司，请运用 SWOT 分析法对该项目进行分析。

（四）实训地点

教室或实训室。

（五）实训要求

1. 教师提前 3 天将实训资料发给学生，要求学生了解实训任务单及实训目的。

2. 由教师指导学委将全班分为五个小组，完成下列内容。

（1）各小组分别对黄铁森同学的创业项目的核心优势和劣势开展研究性学习与讨论，并形成研究性学习报告。

（2）各小组运用 SWOT 分析矩阵表展示保健品或食品销售公司的创业环境及可行的对策。每组选派一名学生代表，在课堂进行汇报交流。

（六）评价与考核

1. 研究性学习报告由教师进行评价。

2. 对各小组提交的保健品或食品销售公司的 SWOT 分析矩阵表，从内容、逻辑、语言等几个方面进行综合评价打分。

拓展阅读

互联网时代的创业机会

人类正在互联网时代，在寻找创业机会时，我们更多需要考虑的是将移动互联网、云计算、大数据、人工智能、物联网等新一代信息技术与现代农业、制造业、信息技术服务、文化创意服务、社会服务、公益创业等紧密结合，培育出新产品、新服务、新业态、新模式；发挥互联网在制造业、农业、能源、环保以及信息化和工业化深度融合中的作用；同时要创新服务模式，促进互联网与教育、医疗、交通、金融、消费生活等深度融合，开创互联网新业态。

任务三　制订创业计划书

名人语录

扫码"学一学"

成功没有捷径。你必须把卓越转变成你身上的一个特质。最大限度地发挥你的天赋、才能、技巧，把其他所有人甩在你后面。高标准严格要求自己，把注意力集中在那些将会改变一切的细节上。

——史蒂夫·乔布斯

☞ **案例讨论**

案例： 易先生是一名大学毕业生，由于就业形势严峻，他萌生了自己创业的想法。他从小喜欢学习厨艺，想开一家餐厅来创业。当时正巧某个小区的门口有门面出租，易先生只想着小区住了不少的住户，生意应该会不错。他顾不上对创业准备情况作出评估并撰写创业计划书，论证他的创业计划的可行性，就急急忙忙承租了一个门面。开业 3 个月后，由于菜品没有特色，小区周边餐饮店多，竞争激烈，他的餐厅由于没有竞争力导致生意不好。现今面临着资金困难、难以为继的局面。

问题： 为什么要撰写创业计划书？它有哪些作用？

必备的理论知识——理论环节

创业计划书是创业的行动纲领和路线图，既是创业者的行动指南，又可以帮助创业者融资。因此，在创业之初制订一份切实可行的创业计划书是每一个创业者必须要做的关键环节。

一、创业计划书概述

（一）创业计划书的含义

创业计划书是指创业者撰写的全面介绍计划创办企业的产品服务情况、市场调查结果、财务分析、组织团队情况等，并对所有相关的内部因素和外部因素进行详细描述的书面材料。

创业计划书的撰写是一个系统又复杂的工程，撰写的主体只能是创业者本人或其他团队成员。创业计划本身来源于创业者的构想，只有创业者自身才能用清晰的语言或文字描述清楚。在编写之前，我们需要对行业和市场进行充分的调查研究，向会计、律师、营销专家等相关人员进行专业咨询，不断对计划书进行完善和丰富。对于初创企业，一份完善且专业的创业计划书不但是寻找投资的书面材料，也是企业对现状和未来发展的全面思考和定位的过程。

（二）创业计划书的作用

1. 初创企业的行动纲领　在制定创业计划书的过程中，我们要充分考虑自己的产品或服务的优劣势、所拥有的资源、目前的市场情况、竞争对手的情况、资金、风险对策、预计收益情况等。通过制定创业计划书可以帮助创业者理清思路，对创业项目作出明确的评价和决定。

2. 凝聚创业团队　一份高质量的创业计划书既可以增强创业者的自信，又可以使创业团队很明确地看到企业的发展方向，使大家对前景充满信心。团队成员明确将要从事的项目和活动、所要承担的角色、将要完成的工作，就会对自己的能力有一个明确的判断。凡是心中有数有底，团队成员会更愿意参与企业的经营管理和发展，心往一处想，劲往一处使，共同干好干成大事。

3. 帮助创业者获得融资 创业计划书是一份全方位的项目计划书，其中需要进行深度的可行性分析，并对企业的产品或服务、经营理念和方式、营销方法、人员结构等向风险投资商、银行、客户和供应商进行宣传。风险投资商、合作伙伴、供应商、分销商通过对创业计划的了解，决定是否给项目投资。如果初创企业解决了资金的问题则会为项目的成功打下坚实的基础。

二、创业计划书的基本格式

（一）封面

封面的设计要有艺术性和美观性，一个好的封面将会使阅读者产生良好的第一印象，从而有深入阅读的兴趣。封面应包括创业项目的名称、创业者的姓名、联系方式、邮箱、企业网址、日期等信息。

（二）摘要

摘要是创业计划书浓缩的精华。它涵盖了计划的要点，一般应包括公司介绍、主要产品和服务、市场概况、生产计划、营销策略、销售计划、管理组织结构、财务计划、资金需求、发展前景等。

在摘要中，企业要回答以下问题：企业所处的行业；经营的性质和范围；主要的产品或服务是什么；市场在哪里；谁是企业的顾客；顾客的需求是什么；投资人、合作人有哪些；竞争对手是谁；竞争对手将对企业产生什么影响。

摘要尽量简明扼要、生动，切忌洋洋洒洒、不知所云。特别要说明与同类型的企业相比有什么区别以及获得成功的市场因素。

（三）企业介绍

这部分是对企业作出整体介绍，重点是介绍企业创办和经营的理念、定位和公司的战略目标。

（四）行业分析

在行业分析中，应该正确评价企业所在行业的特点、竞争现状以及未来的发展趋势等。以下问题是创业者必须考虑的：行业的发展到了什么程度？目前发展态势怎样？所在行业目前的销售和收入情况如何？发展趋势和价格趋向怎样？社会经济发展将会对行业产生什么影响？政府的政策将会产生什么影响？在行业内什么因素决定发展？什么是竞争的本质？企业将如何应对竞争？企业进入行业将会遇到哪些障碍？如何克服这些障碍？行业回报率有多少？

（五）产品（服务）介绍

产品（服务）介绍是创业计划书中的核心内容，务求描述清楚产品（服务）的先进性、新颖性及独特性。主要应包括以下内容：产品（服务）的概念、特性及性能；主要产品（服务）的基本介绍；产品（服务）对客户的价值；产品（服务）的研发过程；产品（服务）的市场前景和竞争力；产品的专利和品牌；产品（服务）的技术改进和更新换代计划及成本等。对于高新技术企业，还应说明技术的来源、原理、技术的先进性和可靠性，企业的研发力量和技术的发展趋势分析、技术储备等。在产品（服务）介绍部分，撰写者要作出详细的说明，并且要准确、通俗易懂，尽量不使用专业术语。产品介绍部分还需要附上产品原型、照片或其他介绍。大学生创业项目的产品（服务）应更注重与专业相结合，突出专业特色，发挥专业优势。

（六）人员及组织结构

企业的人员及组织结构情况是投资者非常看重的。通过本部分介绍，可以展现整个团队的结构、管理和技术人员的素质和水平，使投资者了解团队的实力，增强信心。

在团队成员中，应包括管理人员、技术人员和营销人员。团队成员的专业背景及特长应是互补的，要展示良好的团队合作意识。在创业计划书中，必须对主要人员的工作简历、曾经取得的业绩，特别是与目前从事工作相关的经历加以阐明，介绍他们所具有的能力以及在企业中的职责等。

此外，还应简单介绍公司的组织结构，主要包括以下内容：公司的组织机构图，各部门的功能与职责，各部门的负责人及主要成员，公司的股东名单，公司的董事会成员情况等。

在选择团队成员时，一定要注意技术、管理、营销人员的合理组合，创业团队是否搭配好、技术队伍是否有优势有时甚至是项目成败的关键因素，也是投资者特别看重的。

（七）市场预测

市场预测是指在市场调查获得的各种信息和资料的基础上，通过分析研究，运用科学的预测技术和方法，对市场未来的商品供求趋势、影响因素及其变化规律所做的分析和推断。市场预测的内容包括顾客需求预测、产品或服务需求的变化及发展趋势、竞争对手预测等。

首先，要分析企业的产品或服务属于哪部分市场，市场对该产品或服务的总需求量多大，影响需求的因素有哪些；其次，要分析产品或服务需求的变化及发展趋势如何，社会经济的发展和顾客的购买力的投向怎样；最后，要分析竞争对手的情况。包括市场中主要的竞争对手有哪些，竞争对手占了多大的市场份额，竞争对手的销售系统如何，是否还存在有利于企业产品或服务的市场空隙，企业预将会有多大的市场占有率，企业进入市场后竞争者将有怎样的反应，这些反应将对企业产生怎样的影响。

顾客需求预测、市场总量和市场份额预测、目标顾客和目标市场、竞争对手概况、企业产品的市场地位等是创业计划书中需要详细描述的内容。

市场预测一定要建立在充分的市场调研基础之上。作为初创者需要通过观察法、问卷法、访谈法、实验法多种方式深入市场对消费者的直接需求和潜在需求开展调查，得到第一手资料，然后再通过资料查阅、咨询等方法分析市场情况。

（八）营销策略

营销是企业经营中最富挑战性的环节，影响营销策略的主要因素包括消费者的特点、产品的特性、企业自身的状况、市场环境因素、营销方式和平台的选择。而最终影响营销策略的因素是营销成本及其产生的效益。传统的营销策略更适合大企业，而中小企业则要学会灵活应变，扬长避短，形成自己的营销策略。如要通过互联网来实现企业的推广计划，就要提高网站流量，要把网站的外链发布到各种正规、相关、优质的平台上面，从多方面对网站进行宣传以吸引更多的用户访问网站。

在创业计划书中，营销策略应包括以下内容：① 营销渠道的选择：选择直销还是分销；② 营销队伍和管理：营销人员的素质、数量、管理模式；③ 促销计划和广告策略：主要包括促销工具和方式，如通过新产品发布会、宣传册、折扣等向顾客推广；④ 价格决策：通过产品成本、消费者和竞争对手的价格分析得出价格区间，进而确定最终价格。

（九）生产制造计划

制定生产制造计划的目的是将企业产品的生产制造情况呈现给投资者。为了增加投资者的信心，创业者应将生产制造计划描述详细、可靠。其主要内容包括企业具备多大的生产能力，现有的厂房和设备情况如何，如何控制产品的质量，产品的质量改进能力如何，现有的生产工艺能否保证新产品的稳定性和可靠性，设备由谁供应，物资需求计划及其保障情况如何，供货者的前置期多长，怎样制定生产周期的标准，如何进行质量控制。

（十）财务规划

财务是战略伙伴和创业投资者最为敏感和关心的问题，从中可以判断投资能否获得预期的回报。因此，作为创业者必须学会财务规划或聘请财务专业人员协助自己完成财务规划。财务规划包括资源需求分析、预计财务报表、融资计划等内容。

1. 资源需求分析　主要包括对有形资产和无形资产的需求分析。如机器设备、家具、原材料等属于有形资产；商标权、专利权属于无形资产。通过编制需求表并对资产支出进行预估，可以计算出资金总量。

2. 预计财务报表　包括现金流量表、资产负债表及损益表。现金流量表反应企业现金出入的结构、净现金流的趋势。对于初创企业一定要牢记，任何时候现金流都是生命线。在企业的生产运营过程中对现金流必须严格控制。资产负债表则呈现了企业的具体财务状况，投资者可以根据资产负债表中的数据来衡量企业的经营状况及可能的投资回报率。损益表反映的是企业的盈利和亏损状况，它是企业在运营一段时间后的经营结果。

3. 融资计划　是根据资源需求分析计算出总的资金需求，以及对资金来源的情况进行系统分析，得出计划出让的股权、获得投资的条件和收益的分配计划等。

财务规划是建立在创业计划书的条件假设之上的。事实上，财务规划和企业的生产、人力资源以及营销计划都紧密相关。要做好财务规划，必须明确以下问题：产品在每个时间段的生产量是多少，每件产品的生产成本、定价是多少，定价依据是什么，预期的成本和利润是多少，需要招聘多少人，工资预算是多少，什么时候开始扩张生产线。

在制定财务规划时，对于创新企业来说没有可供参考的市场的数据、价格和营销方式。对于企业进入市场的成长速度和可能获得的利润需要自行预测，并把自己的设想、管理队伍和财务模型推销给投资者和战略伙伴。而对于一个进入已有市场的创业企业，则可以根据调研数据说明整个市场的规模及其改进方式。创业企业可以在目前市场信息的基础之上，对企业三年的财务进行规划。

（十一）风险与风险管理

任何一家企业在初创和发展的过程中都会遇到风险。在创业计划书中，为了给投资者和合伙人留下好印象，我们不能只阐明机遇而回避风险。机遇与风险是并存的，作为创业者，根据自身的情况实事求是地指出企业可能面临的风险以及应对的措施，反而会得到投资者的信任。

风险主要包括技术风险、市场风险、政治风险、管理风险、财务风险及其他不可预见的风险等。导致风险的原因主要包括：企业在资源限制、管理经验方面的不足；创业者在技术、经验和管理能力的欠缺；市场、产品开发、财务收益的不确定性等。

（十二）附录

附录是对主体部分的补充，主要包括企业专利技术、各种许可证、相关调研数据、荣誉证书、营业执照、公司章程、主要供货商、经销商、场地租用证明、工艺流程图等。有些材料不适合在正文出现或不宜在主体部分做过多描述，但是对理解创业计划书又有很大的作用，所以将这部分内容作为附录放在最后以供参考。

三、撰写创业计划书

（一）撰写创业计划书的原则

1. 明确目标，优势突出　在创业计划书中，应有创业企业明确的近期和远期的经营目标，如生产和经营规模、市场份额、投资回报率等指标。优势突出主要指在整个创业计划中要有企业自身的特点，如具有的核心竞争力、独特的产品或服务、创业团队和管理方法优越等，让投资者对企业的目标和优势印象深刻。

2. 以市场为导向　任何企业的发展都离不开市场需求，对于市场的描述一定要把握好。创业计划一定要充分显示对于市场现状的把握以及对市场未来发展的预测，还要详细说明市场需求分析所应用的调查方法与事实依据等。

3. 具有竞争优势　编写创业计划书的重要目的之一是为投资人提供决策依据，从而获得投资。因此，创业计划书要呈现出企业真正具有哪些方面的竞争优势，并明确指出投资者预期的收益和风险。

4. 前后一致　由于创业计划涉及的内容非常多，很容易出现前后不一致的现象。一旦出现这种情况就会使投资人对创业计划产生怀疑，因此整个创业计划书的内容前后必须保持一致性，增强创业计划的可信度，获得投资者的信赖。

5. 具有可行性　创业计划书是创业者们撰写的行动蓝图和发展纲领，特别在组织机构、营销计划、控制风险的方法、应对风险的策略等方面要有很强的可行性。

6. 客观实际　指的是要实事求是撰写创业计划书中的内容，切勿根据主观意愿凭空捏造，计划书中呈现出的数据及文献资料要客观真实，使投资者对于由数据推导的结果产生信服。

（二）撰写创业计划书的步骤

1. 作好准备　创业计划书的内容涉及面很广，创业者在撰写之前须作好充分的准备。首先要通过资料调查或实地调查的方式，预测行业状况及发展趋势、竞争企业的相关情况；随后要确定创业的目的、经营的理念、发展战略；最后要组成专门的小组，制定创业计划的编写计划，确定创业计划的总体框架等。

2. 形成计划书　指初步制定创业计划书，即全面编写创业计划书的各部分内容，主要包括公司介绍、主要产品和服务、市场预测、营销策略、生产管理计划、人员组织结构、财务分析、融资方案以及创业风险等内容。

3. 完善计划书　在本阶段应广泛征求团队成员、指导教师、行业专家的意见，然后再补充、修改初拟的创业计划书。重点要检查创业计划书是否完整、客观真实，是否具有可行性，在市场份额占比、预期收益、技术、研发、生产、营销等方面是否具有优势，通过计划书尽力争取吸引投资者的眼球，并对创业项目予以投资。

4. 定稿 经过指导教师、行业专家的审核，对创业计划书进行最后审定并印制成正式文本。

四、展示创业计划书

（一）展示对象

1. 投资者以及外部利益相关者 投资者、潜在客户、潜在的商业伙伴、关键员工等外部利益相关者是阅读创业计划的重要群体。要吸引这部分人参与到创业项目中来。

2. 企业内部人员 清晰可行的创业计划有助于企业内部明确创业目标，增强团队凝聚力和执行力，激发团队成员行动一致，共同为创业目标而奋斗。

（二）展示技巧

1. 准备 创业团队在与投资者见面之前，一定要准备好幻灯片并熟悉内容。重点注意以下内容：①陈述的过程一定要流畅通顺；②幻灯片的页面要简洁明朗；③内容要通俗易懂；④重要的资料要陈述清楚。

2. 关键点及陈述技巧 陈述只需要使用 10~15 张幻灯片，不追求面面俱到，多花时间陈述企业自身目前的状况及发展趋势；着重陈述重点部分，是对于投资者可能感兴趣的部分一定要多花时间陈述。

（三）现场答辩

在现场答辩前，创业团队可以提前预测投资者可能会提出什么问题，针对问题设计回答方案，自己要提前作好充分准备。现场答辩时注意以下内容：①创业团队成员在答辩时配合良好，能彼此互补、合作良好，对与创业项目相关的问题能阐述清楚；②回答和陈述的内容有逻辑性和前后一致性；③对投资者的提问理解准确，能够有针对性地回答问题；④回答投资者的提问条理清楚、内容准确；⑤回答问题具有可信度，对于特别重要的问题能够作出详细的说明和解释。

必备的实践能力——实训环节

当今是一个"大众创业、万众创新"的年代，作为新时代的大学生，大家要充分挖掘自己的聪明才智，结合自己的专业和特长，积极投身到国家经济发展的大浪潮之中。更为重要的是，一定要打有准备的仗。请认真学习以下案例，并完成相应的训练任务。

案例

从大赛走出的创业青年

陈同学为某大学医学美容专业毕业生，2011 年开始在学校创立一家"皮肤修复中心"，主营皮肤修复、化妆品销售。2012 年，她带领的团队以与美容相关的创业项目荣获大学生创新创业大赛"一等奖"。在参加大赛过程中，通过老师和专家的指导，陈同学不断对自己的创业项目计划进行修改，特别是在营销推广、新技术研发方面花了很多时间和精力，为项目的不断发展注入了活力。2014 年，她的店成功从校内搬迁到校外。目前，她的美容店运营良好，收益可观。

（一）实训项目

撰写创业计划书，展示创业项目。

（二）实训目的

1. 能够按照创业计划书的基本格式和内容撰写创业计划书。

2. 能够作好准备并进行项目的现场展示。

（三）实训任务

1. 讨论并分析案例中陈同学的创业路径。

2. 按照所要求的格式及内容撰写一份创业计划书并进行项目现场展示。

（四）实训地点

教室或实训室。

（五）实训要求

1. 教师提前 2 周将实训资料发给学生，要求学生了解实训任务单及实训目的。

2. 由教师指导学委将全班分为五个小组，完成下列内容。

（1）每个小组分别陈述以上案例中陈同学的创业路径。

（2）课前每个小组撰写一份创业计划书，并选派一名代表在课堂上进行项目的现场展示。

（六）评价与考核

1. 采用学生小组互评、教师评价和专家评价相结合的方式进行。

2. 对各小组提交的创业计划书，从创新性、团队情况、商业性、带动就业情况四个方面进行评分，项目现场展示从现场展示、答辩两个方面进行评分。创业计划书和项目现场展示各占 50%，最后得出综合评分。

3. 采取百分制。其中小组互评、教师评价、专家评价分别占 20%、40%、40%。

▤ 拓展阅读

最大的社会问题就是最大的商业机会

Peter Diamandis 是 Hyperloop 的创始人之一，XPRIZE 基金会的创始人兼主席。他认为当下世界上最大的社会问题同时也是最大的商业机会，创业者们是有足够的影响力和能力去解决这些问题的。如谷歌、uber 通过提供更便宜的服务来解决人们出行和获取信息的问题；而大量的贫民缺乏食物、优质的水源以及安全的居住环境等，除了通过政府资源或慈善捐助外，还可以通过社会企业来改善这些社会问题。

扫码"练一练"

? 思考题

1. 作为当代大学生，该如何把握创业机会？

2. 请分析弗里·蒂蒙斯创业机会评价体系和 SWOT 分析方法的优劣。

3. 对自己所在小组撰写的创业计划书进行分析，找出不足之处并进一步完善。

（洪 俐）

项目五　精心准备创业

知识目标

1.**掌握**　不同时期国家或地区对大学生创业的具体优惠政策。
2.**熟悉**　网络和各类人才招聘市场的大学生就业创业的最新信息。
3.**了解**　不同创业方式的利弊。

能力目标

1.能够掌握组建创业团队的基本方法与技巧；学会整合创业资源的策略与途径。
2.具备创新与创业的激情与团队意识。

任务一　知晓创业政策

名人语录

与政府修好，是最大的公关。把握政策，是最大的效益。这是企业保证自己生存环境的必然。

——卡尔·本茨

扫码"学一学"

案例讨论

案例：农民可以通过手机看到蔬菜生长情况，并适时调节大棚温度或浇灌施肥，通过智能网络把蔬菜卖出去，这些都是南开大学毕业生温付春自主研发的智能家居产品，叫作设施物联网所带来的真实场景。他毕业后自主创业，成立了天津市盛源科技有限公司，生产智能家居、智能办公、智能农业产品，依靠科技产业园区给的 50 万元"天使资金"和税收优惠政策，渡过了最困难的时期。小温对记者说："……大学生创业要用好国家的'孵化'政策。"目前，他们的客户已经发展到 500 余家，累计实现销售收入 1200 万元，公司还安置了 18 名大学毕业生、20 名下岗失业人员，为慈善事业捐款 20 余万元。小温因此被南开区团委授予"优秀青年"称号，入围"南开区十大杰出青年"评选。

问题：小温的故事告诉我们，大学生创业除了需要知识技能和闯市场的勇气外，还可以充分利用什么基础条件？

必备的理论知识——理论环节

一、国家对大学生创业的具体优惠政策

（一）国家政策的基本导向和精神

20 世纪 80 年代，大学生就业是统包统分的，90 年代开始双向选择，刚进入 21 世纪，大学生创业方兴未艾，直到近十年，大学生创业呈现日益红火的局面。这既与社会文化和经济发展有关，也离不开国家对大学生创业的扶持，直接表现在陆续出台的各类优惠政策上。

《国务院关于进一步做好新形势下就业创业工作的意见》（国发〔2015〕23 号）在第三部分"统筹推进高校毕业生等重点群体就业"中明确提出："深入实施大学生创业引领计划、离校未就业高校毕业生就业促进计划，整合发展高校毕业生就业创业基金，完善管理体制和市场化运行机制，实现基金滚动使用，为高校毕业生就业创业提供支持。积极支持和鼓励高校毕业生投身现代农业建设。对高校毕业生申报从事灵活就业的，按规定纳入各项社会保险，各级公共就业人才服务机构要提供人事、劳动保障代理服务。技师学院高级工班、预备技师班和特殊教育院校职业教育类毕业生可参照高校毕业生享受相关就业补贴政策。"

《国务院办公厅关于深化高等学校创新创业教育改革的实施意见》（国办发〔2015〕36 号）明确提出深化高校创新创业教育目标："到 2020 年建立健全课堂教学、自主学习、结合实践、指导帮扶、文化引领融为一体的高校创新创业教育体系，人才培养质量显著提升，学生的创新精神、创业意识和创新创业能力明显增强，投身创业实践的学生显著增加。"主要任务和措施包括以下内容。

（1）完善人才培养质量标准。

（2）创新人才培养机制。

（3）健全创新创业教育课程体系。

（4）改革教学方法和考核方式。

（5）强化创新创业实践。

（6）改革教学和学籍管理制度。

（7）加强教师创新创业教育教学能力建设。

（8）改进学生创业指导服务。

（9）完善创新创业资金支持和政策保障体系。

（二）国家一般性的对大学生创业的优惠政策

1. 行政优惠　高校毕业生在毕业五年内开展自主创业的，注册登记零资本，在相关国家主管部门注册登记之日起 3 年内免收管理类、登记类和证照类行政事业性收费。

2. 税收优惠　高校毕业生新办信息业、咨询业、技术服务业的，经相关部门批准，可免征企业所得税两年，而新办交通、邮电通信企业或经营单位，第一年免收企业所得税，第二年减半征收企业所得税；新办商业、对外贸易业、旅游业、饮食业等第三产业

的，免收企业所得税一年。

3. 贷款优惠　登记失业的高校毕业生自主创业，可向当地银行申请不超过 5 万元的小额担保贷款；信用合作社、商业银行可根据国家相关规定，对创业大学生在创业项目上的贷款有不同等级的贷款数目或贴息支持，最高的贷款额度为 50 万元，同时有最多 5 年的担保期限。

4. 服务优惠　对有意愿创业的高校毕业生，在项目开发、方案设计、风险评估、融资服务等方面，能够免费获得相关部门的创业指导服务。人事部门和人才中心为其办理人事关系接转、人事档案管理、转正定级、职称申报、社保缴纳等服务，实行全方位的人事代理服务，解决后顾之忧。

5. 培训优惠　离校后登记失业的高校毕业生，参加人力资源和社会保障部门举办的创业培训，可享受职业补贴。国家还鼓励社会资本对创业大学生的帮扶，政府设立多项青年创业扶持项目。

二、各地鼓励大学生创业的政策

近年来各地政府为了支持高校毕业生创业，在融资、开业、税收、创业指导和培训等方面，出台了众多的鼓励和优惠政策。以下选取了近两年各地鼓励大学生创业的政策内容，作简要介绍。

（一）北京市

北京市教委与市财政局 2015 年联合公布《北京高校大学生就业创业河北项目管理办法》。该办法自 9 月 1 日起施行。将对每个优秀大学生创业团队给予最多 5 万元奖励，对遴选出的"高校示范性创业中心"给予每校 50 万元的支持。"大学生就业创业项目"包括"北京地区高校大学生创业园建设项目""北京高校示范性创业中心建设项目""支持北京高校大学生创新、创意、创业实践项目"。其中，"北京高校示范性创业中心建设项目"主要用于示范性创业中心建设高校的创业教育与指导、创业教师培训、创业工作场地建设、大学生创业场地建设等。

（二）上海市

上海市专门设立了大学生创业"天使基金"。大学生创业贷款最高 30 万元，大学生开办企业可获 5 万至 30 万元支持。"天使基金"下设两种创业资助计划："创业雏鹰计划""创业雄鹰计划"。分别以债权与股权两种方式，对青年创业者提供资金上的帮助，并提供相应的后续支持与服务。《文汇报》报道：杨浦区对有创新创业意愿、并且积极实践的大学生，在创业的前期，杨浦区将主要以"生活补贴"的方式给予创业者鼓励。补贴标准为当年度上海月最低工资标准的 80%，见习期限为 3 ~ 6 个月；经大学生（青年）创业园、创业孵化基地孵化的创业项目或孵化器配投的创业项目，且在杨浦区注册经营的，经审核，将给予最高 5 万元的创业启动资金补贴；在杨浦区登记备案注册经营的，由 35 周岁以下的青年大学生创办的创业组织，可享受创业组织社会保险费补贴，总额度最高 10 万元。

（三）广东省

为了引领更多大学生自主创业，以创业带动就业，《广东省大学生创业引领计划

（2014—2017年）实施方案》有着具体的政策与措施，例如，实施大学生创业素质提升工程。包括全面推进创新创业教育，大力加强创业培训（实训），建立大学生创业辅导制度等，实施大学生创业政策助推工程。包括推进注册制度便利化，落实税费减免政策，完善创业金融服务，强化财政补贴支持，扶持大学生网络创业等，实施创业服务优化工程。包括健全完善公共创业服务体系，推进创业孵化基地建设，完善社会化创业服务功能等，实施创业文化培育工程。包括搭建创业项目交流对接平台，开展创业典型评选，组织创业宣传活动等。

（四）浙江省

《浙江省大学生创业引领计划实施方案（2014—2017年）》提出：①加强创业教育和创业培训。②优化工商登记和创业服务。开展创业助力"1+4"行动，即争取为每一个有创业意愿且创业培训合格的大学生提供一个创业项目、推荐一名创业导师、协助落实一处经营场地、帮助办理一笔小额担保贷款，帮助创业者成功创业。③多渠道提供资金支持。鼓励企业、行业协会、群团组织、天使投资人等设立重点扶持大学生的天使投资和创业投资基金，为创业大学生提供资金支持。④发挥创业平台孵化作用。各地要建设大学生创业园、留学人员创业园及各类创业孵化基地。⑤加大网络创业扶持力度。按规定落实网络创业小额担保贷款和贴息、创业补助等政策。

（五）重庆市

重庆市2018年开展"泛海扬帆——重庆大学生创业行动"。"泛海扬帆行动"申报主体为2018年重庆市普通应届高校毕业生和毕业八年内在渝创业的普通高校毕业生。每个受资助创业项目无偿资助2万~5万元，作为创业项目的经营性资金，解决资金缺口问题。还可按规定享受融资服务、创业培训、创业孵化等相关服务。毕业五年内的高校毕业生等符合条件的人员可以申请个人最高10万元、合伙经营实体最高75万元、小微企业最高200万元的创业担保贷款，并按规定对符合条件的贷款进行一定比例的贴息，14个国家级扶贫开发重点县个人创业项目贷款财政部门全额贴息。创业项目也可以申请入驻创业孵化基地。孵化基地可提供场地保障、创业指导、事务代办、融资对接、政策咨询等创业服务。

（六）长沙市

2016年11月《中共长沙市委长沙市人民政府关于鼓励和扶持大学生自主创业的政策意见》明确了系列政策。例如：① 入驻大学生创业基地的大学生自主创办企业，由创业基地提供经营用房，第一年按每月900元、第二年按每月700元、第三年按每月500元减免经营用房租金。② 每年从创业扶持奖励资金中安排3000万元，区（县市）每年从创业扶持奖励资金中安排1000万元，设立市、区（县市）两级大学生创业扶持奖励资金。对申请财政贷款贴息的，经审核贴息期限一般不超过2年，年贴息总额度最多可达10万元。③ 大学生自主创业的，可到户口所在地社区劳动保障管理服务中心申请最高5万元的小额担保贷款。④ 对大学生自主创办的新兴项目，根据企业规模可给予最高200万元的小额担保贷款扶持。⑤ 鼓励大学生以创业项目为平台积极争取国家和省专项资金支持，市创业扶持奖励资金在所争取资金或融资总额的10%以内给予支持（单个项目最高可达10万元）。⑥ 大学生自主创业的科技项目获得上级资助资金的，由市、区（县市）科技部门分别给予上级资助金额 30%、20% 配套。⑦ 大学生自主创业三年内，同级财政采取先征后返的方式减免其营业税和个人所得税的地方所得部分，市属行政事业性收费全免。⑧ 自主创业三年内申请专利、商标、软件著作权等无形资产的，由纳税地知识产权部门对申请费用给予全额补贴。

（七）云南省

云南省人力资源和社会保障厅、云南省教育厅印发《关于进一步做好 2018 年高校毕业生就业创业工作的通知》中明确：云南省将毕业年度有就业创业意愿并积极求职创业的低保家庭、3 个藏区县和 8 个人口较少民族（独龙族、德昂族、基诺族、怒族、阿昌族、普米族、布朗族和景颇族）、贫困残疾人家庭、建档立卡贫困家庭和特困救助供养家庭中的高校毕业生、残疾及获得国家助学贷款的高校毕业生纳入求职创业补贴发放范围，并确保在毕业生离校前兑现每人 1000 元的一次性求职创业补贴。重点关注建档立卡户、"零就业"家庭以及身有残疾、少数民族等就业困难的毕业生，实施"一人一策"专项帮扶计划，并预留公益性岗位计划托底安置。每年组织 1 万名高校毕业生开展与专业有关的职业技能培训和创业培训，提高毕业生就业创业能力。对毕业 5 年内（含毕业学年）在省内创办经营情况良好、带动脱贫效果明显、创新示范效应显著的大学生创业实体，给予最高 3 万元的创业补贴扶持。

一定要注意的是，政策随时随地有调整，同时有很多细则与措施，需要向相关部门进行有针对性的咨询。

必备的实践能力——实训环节

一个对相关法规和政策不清不楚的创业者，在实际的创业过程中一定会遇到挫折或者遭遇失败。除了了解全国性的法律，还要了解所在地区的法规；除了了解全国性的创业政策，还要了解所在地区的创业政策。只有这样才能有效地利用政策优势，在创新创业中保护自己和企业的合法权益。请认真学习以下相关法律法规和各级政策材料，并完成相应的训练任务。

案例

国家关于创新创业的法律与政策

我国与创业有关的法律与法规有《中华人民共和国公司法》《中华人民共和国合同法》《中华人民共和国合伙企业法》《中华人民共和国个人独资企业法》《中华人民共和国公司登记管理条例》《中华人民共和国劳动法》《中华人民共和国著作权法》《中华人民共和国商标法》《中华人民共和国专利法》《中华人民共和国企业所得税暂行条例》《中华人民共和国增值税暂行条例》等。国家有关创新创业的政策文件有《国务院办公厅关于同意建立推进大众创业万众创新部际联席会议制度的函》《国务院办公厅关于发展众创空间推进大众创新创业的指导意见》《国务院关于大力推进大众创业万众创新若干政策措施的意见》《国务院办公厅关于深化高等学校创新创业教育改革的实施意见》等。

（一）实训项目

关于大学生创新创业政策和法规的学习与研讨。

（二）实训目的

1. 加强对国家有关大学生创新创业的引导精神和支持措施的认识。

2. 能够了解与分析国家扶持大学生创新创业的法律和政策的异同。

3. 充分掌握大学生所在地区的创新创业的具体规定，为创业作好基础准备。

（三）实训任务

1. 讨论并分析哪些材料从哪些方面体现了国家对大学生创新创业的基本精神。

2. 讨论并分析国家有关创新创业的法律法规和基本政策的相同和不同之处。

3. 按照所在的城市或地区，搜集政府扶持大学生创新创业的文件和具体的措施。

（四）实训地点

不限。可以根据教学的实际情况，安排在课堂、学校指定的网络教学平台，也可利用学生的业余时间和假期。

（五）实训要求

1. 教师提前3天将实训资料包上传到网络教学平台，要求学生了解实训任务单及实训目的。

2. 课前由教师指导学委根据同学生源地所在的城市或地区，将全班分为若干个小组，完成下列内容。

（1）每个小组按照自己所在省份，查找所在省的省政府出台的政策文件，哪些有利于大学生的创新创业。

（2）每个小组按照自己所在的城市或地区，查找当地政府出台的政策文件，有什么具体措施来扶持大学生的创新创业。

（3）从行政、税收、贷款、服务、培训等不同角度，每个小组通过表格，展示不同城市或地区的优惠政策。同时每组选派一名学生代表，在课堂交流、比较；如系线上活动，则将材料提交到指定的教学平台。

（六）评价与考核

1. 采用学生评价与教师评价相结合的方式进行。其中学生评价分为个人自评、小组互评。

2. 师生对各小组提交的政策优惠表格，从政策导向、行政、税收、贷款、服务、培训等几个方面进行比较，根据全面性和准确性来打分。

3. 采取百分制。其中小组自评、小组互评、教师评价分别占20%、30%、50%。

拓展阅读

欧盟提出大学应培养学生创业精神

欧盟委员会出台了一份题为"实现大学现代化的新型合作关系：欧盟大学与企业对话论坛"的政策文件，对近年来欧洲大学与企业合作的情况进行总结，并就推动大学与企业合作、促进大学生就业、提高大学生创业能力等给出行动建议。欧洲在未来将需要更多具备较高资格和创业精神的大学毕业生，而企业界人士认为目前大学毕业生的素质与其要求还存在一定差距。因此，以就业为导向应该成为大学课程改革和学习方法革新的重要目标。创业教育必须统筹全局，面向所有感兴趣的学生群体，并遍及所有学科领域。大学必须在创业课程的教学中吸收企业家和商界代表加入，例如通过聘请优秀的企业家担任学校客座教授。大学教师也应该接受相应培训，与企业界保持联系。

扫码"学一学"

任务二　选择创业方式

名人语录

回头看我的创业历程，是不断寻找、不断纠正的过程。

——吴锡桑

案例讨论

案例： 早上蒙蒙亮，小唐便带着前晚列出的菜单去几公里外的桂林洋菜市场买菜。小唐是××师范大学信息学院学生，来自陕西省安康市一个农村，在海口市桂林洋大学城开了两家餐馆，一家是跟同班同学合伙经营，另一家他自主经营。

"自主创业的想法来源于海口市制定的促进大学生就业六项措施。"小唐说，他以前特别想当一名老师，但经过调查分析后发现餐饮业回报比较快，投入的成本同其他行业相比也不算高，而且，自主创业很自在，不需要受太多人的约束，每天的生活很充实。于是，他的"蜀留湘"于去年在桂林洋大学城开张了。现在，除去各种开销，他每天纯收入有好几百元。"做这一行业挺累的，但感觉很快乐。"

——改编自《"小老板"未出校门开店"蹚"路》，《工人日报》2009年2月12日（赖志凯）

问题： 小唐同学选择了一种什么样的创业方式？

必备的理论知识——理论环节

创业的方式也就是创业的形态，从不同的标准和不同的角度来看有不同的种类。从产生途径看，分为自主创业和岗位创业；从方法上看，分为实业创业和网络创业；从项目性质看，分为高新技术创业、传统创业和微创业；从税收的角度看，分为个体户、个人独资合伙企业、私人有限责任公司。创业方式的分类多种多样，这里结合大学生创新创业的具体情况，重点介绍自主创业、岗位创业和互联网＋创业三种形态。

一、自主创业

（一）自主创业的定义与意义

自主创业顾名思义，指的是劳动者放弃就业机会，依靠自己的力量优化整合资本、技术、资源、信息等，开展创业活动的行为。大学生自主创业指的是高校毕业生和在校大学生不去竞争现有就业岗位，而是利用自己的才干，全职或者兼职，通过政府、自筹、众筹等渠道获得资金，根据社会需要创设新的就业岗位。

大学生自主创业很有意义。首先可以解决创业者本人的就业问题，同时因为聘用其他大学生，促进了社会就业。其次，大学生能够充分利用自己的才能，提高自己的创新能力，有利于塑造高素质的企业家群体。再次，对实现大学生的自身价值和社会价值有直接的作用。

（二）大学生自主创业的优势

1. 外部的社会经济环境优势　全球经济形势趋好，中国的"大众创业，万众创新"的浪潮澎湃，创业环境不断改善与创业意识不断提升，中国当代社会的创业需求不断增强。

2. 国家政策不断利好　近几年来，国家和各地政府不断出台有关大学生创新创业的政策文件，在资金、税收、培训、开发、行政等方面给予倾斜和优惠，力度有增无减。

3. 层次和起点较高　大学生作为年轻人群体，整体素质高，思维十分活跃，有较强的学习能力与接受能力，对各类资讯反应敏捷，敢于去挑战新的事物，无畏的创新与创业精神为他们增添持续发展的动力。

4. 大学校园背景提供了人才支持的力度　大学校园人才荟萃，有着十分丰富的人力资源。师资力量较强，一些创业的理论和实践问题方便得到解答；校园环境为大学生提供良好的创业空间与基地。

（三）大学生自主创业的模式

从企业特点来看，大学生自主创业的基本模式包括以下内容。

（1）成立新的企业，如个人独资企业、合伙企业、个体户、公司等。

（2）加盟连锁，选择有好形象、好品牌的连锁企业进行加盟。

（3）进入具有概念创新的新兴产业领域，如创意公司、互联网企业、艺术教育等。

从组织形式来看，大学生自主创业的基本模式包括以下内容。

（1）学校和企业共同培养的模式　这种模式将大学生的个人创新创业目标、高校的人才培养、企业的不断壮大三者有机结合，让产学研三位一体。

（2）在企业电子网络平台上的营销模式　这种在成熟企业管理和营销平台上的自主创业模式可称之为"淘宝模式"，其门槛不高，是许多大学生创业的首选。

（3）风险共担和利益共享的校友合作模式　校友之间具有天然的亲近性，信用程度相对较高，大学生以学长或同学作为社会资源，展开各种创业活动。

（4）风投入股的合作模式　大学生在拥有相当大的竞争力或者发展潜力的新兴产品或技术时，风险投资方将其视为高新技术企业，作为股东进行投资运作。

（5）不定对象的众筹模式　志同道合的大学生向大众募集资金，开展经营行为，具有多元化、门槛不高、大众性、创意为主的特点，多为格子间小企业。

（四）大学生自主创业的策略

1. 从教育来看　要将创新创业教育纳入教学计划和学分体系中，从课程体系、评价体系、教学方法等方面进行改革深化。注重前沿学科知识和案例教育，展开创业的研究性和实践性学习与考核。

2. 从自身来看　大学生要有乐观自信的心态，要培养不怕失败的创新精神和创业意识。大学生要注重挖掘自己的潜力，尽早开展职业发展规划，调整自己的知识结构和专业技能。同时尽早接触各类创业活动，如不同层级的创业竞赛，积累创业的经验，在实践中提高。

3. 从平台来看　作为系统综合工程的创新创业活动，需要得到社会的尊重、认同和扶持。这包括政府的法律和政策的支持、企业的项目指导和场所提供、创业成功者的引导、各类资金的投入等。

当然大学生自主创业也存在一些困境和问题，需要加以重视，如创新创业教育的系统性还不够，实践与理论结合度不高；专业性与创业教育的相互交融程度有待加强；创业资金筹措困难；项目选择出现偏差；学生的创新意识不够强等。所以，大学生要加强学习的主动性和操作性，在管理、营销、融资等各方面提升自己，在实践岗位中锻炼成长。

二、岗位创业

（一）岗位创业的含义

西方在 20 世纪 80 年代提出过"内创业"理论，意为在现有企业内部进行创业，这一概念在当代中国引伸发展为岗位创业。岗位创业的基础含义为在就业基础上的创业，在岗的个体充分利用自己的知识、技能及各种资源，创造各类财富的行为与过程。它分为企业内部创业和企业外部创业两大类。内部创业是指在企业的岗位上通过有创新性的、有远见的工作来推进企业的发展，获得自己更有价值的事业定位。企业外部创业指创业者根据自己的能力和经验，在岗位工作之余去开设公司，或者进行兼职的工作。对不适合自主创业的大学生来说，岗位创业是一种相对实际也相对理性的途径，也是取得人生成就感与财富的有效方式。

（二）大学生岗位创业的价值

1. 从风险的角度来看可以避免创业失败　创业是一种极具风险性的选择，大学生虽然有激情，但大多数人的创业技能与经验还不足，所以失败的风险性相当大。创业和学业之间的关系需要取得平衡，边学习边创业的方式是一种可以规避风险的选择，较多地表现为大学生的兼职活动。在不损害学业的基础上，实现创业的梦想。即使有失败的风险，转向也不难。休学创业也可以算作是一种岗位创业，只是压力和风险比兼职要大。

2. 从社会的角度来看可以充分利用人才　岗位创业激发创业者的能力，在充分完成岗位本职工作的同时，既能为自己积累经济效益，又能使企业在市场中战胜对手，不断壮大。岗位创业可以充分利用人力资源，将个体的前途与企业、社会三者融合，促进社会财富和社会价值的协调发展。

3. 从个体的角度来看可以实现个人发展 大学生是高层次的人才，纯粹的打工只是流水线的一颗螺丝，而岗位创业会使大学生主动地学习管理、财务、社交等不同领域的知识，提升自己综合能力。通过实践去挖掘潜力，实现个体能力的全面成长。

（三）大学生岗位创业的成功要素

1. 健康的心态 岗位创业者不是企业拥有者和最终决策者，而是受命者和执行人的角色，在创业过程中一定会有不顺心的事情发生。大学生切记摆正自己的位置和心态，自觉将企业利益和自身的发展有机结合；切忌自高自大，牢骚满腹，否则会影响上下级及与同事之间关系，对自己的身心健康不利，对事业发展也不利。

2. 熟练的技能 要充分了解所学专业与行业、社会发展的关系，谋划自己长远的人生发展规划。加强专业技能培养，练就过硬的专业技能甚至是专业绝活，缩短从技能学徒到技能大师再到技能大家的过程，利用所长开展创业，尽早实现从"校园人"发展为"职业人"的过程。

3. 良好的执行力 完成任务的各种能力、意愿及其程度都属于执行力的范畴，它指的是完成企业的发展目标和上司的各种指令，按质按量按时地将战略、思想和目标变成行动和结果。企业不同层级人员都有决策、组织、指标等不同性质的执行力要求。

大学生的岗位创业的价值与能力的实现，要立足于岗位创业教育。岗位创业教育既有学生创业素质培养的共性，又有岗位创业素质培养的个性，这些个性目标包括岗位适应能力的培养，因人制宜，根据职业岗位的特点进行定制培养，如合作能力、沟通能力、创新能力等。

三、互联网＋创业

（一）互联网＋创业的含义与意义

李克强总理 2015 年在政府工作报告中提出："制定'互联网＋'行动计划，推动移动互联网、云计算、大数据、物联网等与现代制造业结合"。互联网＋创业指的是通过"互联网＋"方式，将线下服务与线上平台融汇在一起，形成政策、资金、市场、服务等的资源共享，相互联通，达到"平台＋数据＋应用＋服务"的创新创业体系。

互联网＋对大学生有着正面的影响。首先，它给大学生增加了众多的创业机会。互联网＋结合了不同的产业和企业，一些成功的案例开拓了大学生创业空间和选择条件。其次，优化了大学生的创业结构。他们可以突破传统的投资收入模式，走向智能性、便捷性、个性和科技性的创业方式。再次，在创业上能够提升成功率。借助云概念的出现，资源信息随时随地进行调配，联系、对接、协调与监督等容易实现，提高创业成功率。

（二）互联网＋创业的模式

从盈利模式和产品等来看，大学生互联网＋创业的主要商业模式包括以下几种。

1. 软件开发设计类 这类创业公司以教学教务、物流等细分的市场为主。目标客户是中小型企业和个人。

2. 电子商务类 从来源来说有在网上售卖商品、网络自主开发经营产品、在网络平台

扫码"看一看"

进行代销、撰稿等自由创业等类别。

3. 媒体设计类 广告宣传、市场营销、多媒体开发、影视等都利用网络平台打造产品，大学生创业则多集中于毕业画册、个人写真、社团视频等。

4. 互联网平台类 这类公司较多是从微信公众号、网站等入手，通过开发 APP、服务性微号和收取客户服务费用来盈利。

从创业领域来看，大学生互联网＋创业的模式涉及较多的传统行业。

1. 互联网＋零售业 大学生思想新潮，他们不仅是网民，也是网络购物的经销商，有的利用学校周边的旅游特色，在网上销售当地特色产品。

2. 互联网＋旅游 住宿、购票、交通等旅游服务随着网络的发达和手机的普及，从高端发展为一般的网民服务，大学生常进入其中一个环节进行创业。

3. 互联网＋教育 网络教学更自由、更广泛，受教育者时间上更自主，突破了传统的教育方式。大学生在网络教育上有较大的优势。

4. 互联网＋金融 这较多集中于网上支付和炒股，这些安全快速的方式深入到各行业的创业领域当中。

（三）互联网＋时代下创业素质培养策略

1. 从学生的角度看 学生要提升互联网思维，强化互联网创业的知识学习。互联网＋时代需要大学生了解网站应用、互联网业务、网页开发等知识，能熟练操作大数据、云计算等。全方位体会互联网＋的基本内涵与发展趋势，认识新时代背景下的企业价值链、市场状况等，提高对互联网技术的学习兴趣与参与深度，随时为创业作好准备。

2. 从学校的角度看 互联网＋需要的是复合型人才，高校应根据区域、学校、专业等特点进行课程体系设置。将创新创业教育作为必修课开设，规定学时与学分。同时加强培育创新创业基地建设，成立线上线下产业园区，吸引学生、企业来基地和园区开展线上线下活动。为学生学习网络时代下不同企业的运作创造条件，打好基础。

3. 从政府的层面看 政府需要不断优化政策，动态调整互联网＋时代下大学生创业的措施，预测与分析创业的态势，做好平台工作，提供信息、平台、资金等方面的配套服务。

4. 从家长方面来看 思想决定行动，一个家庭的创业意识程度对学生的创业行为有着重要的影响。传统观念与互联网＋时代下的创业意愿经常起冲突，家长要眼光开阔，鼓励子女根据具体就业情况进行适当的创业活动。

必备的实践能力——实训环节

创业的领域十分广阔，创业的种类十分丰富，从而决定了创业方式的多样性与复杂性。但创业者的素质与能力对创业方式起着引导和决定的作用，决定创业成功与否的最根本的要素是创业能力。欧盟委员会联合研究中心 2016 年发布《欧盟创业能力框架》（见表 5－1），请对照下面的欧盟创业能力框架的观念模型，根据自己和同学的实际情况，完成相应的训练任务。

表 5-1　欧盟创业能力框架的观念模型

领域	能力	内涵	主要观测点
想法与机会	识别机会	利用想象和能力识别能创造价值的机会	识别、创造和抓住机会；关注挑战；确定需求；分析背景
	创新	产生创新的和有目的性的想法	好奇心和开放思维；发展想法；定义问题；设计价值；具有创意
	具有愿景	为未来的目标而工作	想象；战略性地思考；指导行动
	评估想法	充分利用想法和机会	识别想法的价值；分享和保护想法
	伦理和可持续地思考	评估想法、机会和行为的结果和影响	有道德的行为；可持续地思考；评估影响；具有责任心
资源	自我意识和效能感	相信自己、持续发展	跟踪志向；识别自我优缺点；相信自我能力；分享未来
	动机和毅力	保持专注、不放弃	有驱动力；意志坚定；关注潜在动力；有弹性；不放弃
	调动资源	收集和管理所需的资源	管理物质和非物质资源；负责地使用资源；充分利用时间；获得支持
	金融和经济素养	寻求融资和经济的诀窍	理解经济和财务概念；预算；寻求资助；理解税收
	动员他人	激励、吸引他人加入行动	激励与被激励；说服别人；有效沟通；有效使用媒体
行动	采取主动	主动去做	承担责任；独立工作；采取行动
	计划和管理	确定优先级、组织计划和后续流程	定义目标；计划与组织；开发可持续的商业机会；定义优先级；监管进程；灵活地适应变化
	处理不确定性、模糊和风险	在不确定、模糊和有风险的情况下作决策	应对不确定性和模糊性；测算风险；管理风险
	和他人一起工作	团队合作与沟通	接受多样化（他人的不同）；培养情商；积极地倾听；团队工作；合作工作；扩展人际网络
	通过经验学习	干中学	反思；学会学习；从经验中学习

（一）实训项目

审视自己的创业能力，判别自己的创业倾向。

（二）实训目的

1. 了解自己的创意和创新能力。

2. 分析自己在选择创业时所具备的资源内涵和能力。

3. 掌握不同的创业方式所需要的不同的行动力。

（三）实训任务

1. 讨论并分析自主创业和岗位创业在"想法和机会"领域的差异。

2. 讨论并分析实业创业和网络创业在"资源"领域的差异。

3. 讨论并分析高新技术创业、传统创业和微创业在"行动"领域的差异。

（四）实训地点

不限。可以根据教学实际情况，安排在课堂、学校指定的网络教学平台，也可利用学生的业余时间和假期。

（五）实训要求

1. 教师提前3天将实训资料包上传到网络教学平台，要求学生了解实训任务单及实训目的。

2. 课前由教师指导学委将全班分为若干个小组，完成下列内容。

（1）每个小组提出不同的创业方式，根据不同的创业方式，列出"主要观测点"中哪些是最重要的因素，哪些是次要因素。

（2）每个小组的学生分别给其他同学进行创业方式和创业能力关系的"诊断"，即别的同学在"想法和机会""资源""行动"三个方面分别有什么优势和劣势。

（六）评价与考核

1. 采用学生评价与教师评价相结合的方式进行。其中学生评价分为小组自评、小组互评。

2. 各小组提交书面报告，并进行辩论活动，师生结合表述的逻辑性、知识性和流畅性来打分。

3. 采取百分制。其中小组自评、小组互评、教师评价分别占20%、30%、50%。

拓展阅读

药企大举进军保健品市场

大健康产业成为投资界的香饽饽，而保健品成为众多药企纷纷布局的重要领域。国家有关部门发文规定：2016年7月1日后……受理保健食品备案申请。改成备案制后，保健食品注册将极为简单，企业进入的成本将大大降低。实施备案制有助于企业放手去打造自身的产品群，但也加剧了行业竞争，例如玛咖作为保健品走向市场，其辉煌和没落便是保健品市场风云变化的一个缩影。中国保健品市场一直比较混乱，也缺少真正的龙头企业，比如汤臣倍健这类企业，市场占比目前还是非常低，但未来肯定会出现一批有竞争力的企业。

——改编自《政策收紧致药企大举进军保健品市场》，《证券日报》2016年8月5日（张敏）

任务三　组建创业团队

名人语录

团队合作是一家企业成功的保证，也是个人成功的前提。

——比尔·盖茨

扫码"学一学"

扫码"看一看"

案例讨论

案例：丁某，永仁县莲池乡人，本科林学专业毕业后曾一度在昆明打工。后来，他听说家乡大力发展葡萄产业，产品远销各地，甚至可以出口创汇，便萌生了运用自己专业所长回家乡种植葡萄创业的想法。在经历了一系列前期准备工作后，仍面临着近10万元的资金缺口，创业遇到了困难。此时，家中一位在××公司做技术队长的亲戚给了丁某莫大的支持。他不仅入了股，还给予了技术上的指导，帮助丁某解决了燃眉之急。此后，丁某如虎添翼。经过土地开发、整理台地、挖沟、垫草、配备滴灌设施、育苗等，实现了葡萄丰收，第一年就享受到了回报的滋味，现在，他的葡萄园正在逐步壮大中。

问题：丁某的创业团队成员构成有什么特点？

必备的理论知识——理论环节

一、创业团队概念

任何创业都离不开团队，成功创业离不开高效的工作团队，特别是具有广泛影响的大企业。团队是根本，单打独斗成不了气候。对企业团队的含义，不同的人有不同的看法。有的人认为，一群人经过创意构想阶段后，决定一起创设企业或者公司，这群人就是创业团队。还有的人认为，一个团队是同由少数具有技能互补性的人所组成，他们认同一个共同目标和一个能使他们彼此担负责任的程序。

一般来说，创业团队是指企业在成立的早期，在创业过程中以开创新的事物或企业，拥有共同的价值定位和发展目标，能够共担风险、才能互补、紧密协作的群体。这一群体能按规则办事，共享创业收益，是创业的合作伙伴。

二、优秀创业团队的标准

一般认为，创业团队的构成要素可以简称为5P，即目标（Purpose）、成员（People）、定位（Place）、权力（Power）、计划（Plan）。优秀的创业团队不仅完整地具备这五个要素，而且这五个要素内涵清晰、表现卓越且有机统一。成功的企业一定有一支高效的团队，高效的团队一定具备明确的目标、成员的信任、共同的忠诚、相关的技能、流畅的沟通、合适的领导等。

（一）目标明确且具备可持续性

优秀的创业团队一开始就将航标和灯塔一般的目标，作为行动的纲领和创业者共同的追求。他们的目标十分明确，既有创业企业的长远方向与战略指向，也有阶段性的成果预期。他们的创业目标能够凝聚人心，创造新的价值。当然目标并不是一蹴而就、一劳永逸的，它有动态调整的可能，也有动态调整的必要。

（二）成员信任且十分协作

人是宇宙的精华，是创业团队的核心力量。离开人力这一最主要的创业资源，创新创

业都无从谈起。优秀的创业团队能够将成员之间的共同价值和目标结合起来，通过团队成员去实现。团队成员既分工、各司其责，又合作、团结协调，人尽其能，将团队优势充分融汇，实现总体的理想和目标。

（三）定位准确且管理有条不紊

定位主要指创业的发展方向，既包括创业团队的定位，又包括创业个体的定位。优秀的创业团队定位很准确，不含糊，团队在公司或企业中的定性与定量是清晰的，团队如何管理企业及其与企业领导权、奖惩制度的关系等都有规章制度予以规范和进行约束；而优秀创业团队的成员即个体的定位可称之为角色分配，在新创的公司或企业中所任的职务和职责范围明确且有条不紊。

（四）权力分工清晰且相互扶持

权力包括团队集体的权力、领导的权力和成员的权力。优秀创业团队的人事权、财务权等是清晰的，领导人的权力也有章可循，当然它与创业的阶段、企业的性质、企业的规模等有紧密的关系，可以适当调整。优秀创业团队成员的权利也相当重要，什么可以做，什么不可以做，能够照章办事，使创业高效地走向成功。

（五）计划合理且灵活高效

目标离不开计划，创业计划是达到企业目标的基本保障。优秀创业团队能够在合理创设企业远期、中期、近期目标的前提下，制定符合行业和社会发展的工作程序、工作内容及行动方案。由于优秀创业团队具有使命感和成就感的引领，这些计划能够灵活高效地指导团队的创业活动，将规划目标和成员的职业发展结合起来，创业的凝聚力和战斗力十分强劲。

大学生创业团队有一些共性外的个性，他们是拥有各个专业背景、目标同一、创新意识浓厚的朝气蓬勃的在校或已经毕业的群体。他们既有热情度高、创新性强等特点，但又由于资金的问题、心理脆弱的问题、社会经验不足的问题，容易出现不稳定性，这是需要注意避免的。大学生创业团队向优秀的创业团队的标准靠拢是成功的基本保证。

三、创业团队的组建方法与技巧

1. 确定基本原则 创业是一种涉及人财物和产供销的千头万绪的复杂系统，没有确立有效的基本原则就不会聚拢人心，发展也不长久。创业团队的原则包括共同的企业价值观、忠诚和奉献的企业文化、能抗压的忧患意识、优势互补等。

2. 凝聚团队意识 团队意识是创业中人力资源向人力资本转化的最基础的一环。由于有了相同的工作目标，团队意识会产生强大的凝聚力。而成员的价值观和情感态度会汇入到团队意识当中，没有节外生枝，使自己有一种强烈的归属感，团队变为工作的依托和价值的归宿。

3. 招募志同道合的精干成员 人员的招募是组建创业团队中最重要的一步，也是人才建构的关键一环，包括技术人才、管理人才和营销人才。寻找创业伙伴还要从现实和发展出发，以数量规模作为考量，选择精明强干者才能达到事半功倍的效果。

当然，团队成员有着不同的知识结构、思维方式和处世态度，相互之间是相异和互补的。解决问题的时候，成员之间能够提出不同的方案，互通有无，择其善者而从之，最终促进成员能力的提升，达到创业成功的目标。

4. 沟通协议、建章立制　协议与制度是约束团队成员的共同游戏规则。意向成员既要有情感的沟通，又要有法律协议的约束。这就需要双方在创业目标、创业步骤、工作职责、利益分配、进入与退出机制等不同层面内容进行磋商，明确各自的职责权利。团队的日常运行需要建立一系列制度，包括了人事考核、薪酬福利、奖励惩罚、晋升降职等。制度是团队中每个员工的行为依据，照章办事是一种公平合理而高效的机制，也是企业管理能在正规化和标准化的轨道上前进的保障。

必备的实践能力——实训环节

世界上不存在完美的个人，但存在完美的团队，这种团队的形成源自处于不同角色的个体的协调组合，具有凝聚力的整体才是理想的团队。但在现实生活中，不同的人有不同的个性与能力，在团队中每个人所处的角色和位置又不一样，这就需要因人制宜地去组成团队。请认真学习体会以下九种团队角色描述（见表5-2），并完成相应的训练任务。

表5-2　九种团队角色描述（英国贝尔宾理论）

角色	角色描述	可允许缺点	不可允许缺点
资源探索者	外向、热情、健谈、发掘机会，增进联系	热情很快冷却	不遵循安排，令顾客失望
协调者	成熟、自信，是称职的主事人，阐明目标，促使决策的制定，分工合理	如果发现其他人可完成工作，不愿亲力亲为	完全依赖团队的努力
塑形者	激发人的创造力，充满活力，在压力下成长，有克服困难的动力和勇气	易沮丧和动怒	无法以幽默或礼貌的方法平息局面
监控者	冷静，有战略眼光与识别力，对选择进行比较并作出正确选择	有理性的怀疑	失去理性，讽刺一切
团队工作者	协作的、温和的、感觉敏锐的、老练的、建设性的、善于倾听、防止摩擦、平息争端	面对重大事项优柔寡断	逃避承担责任
贯彻者	纪律性强、值得信赖、有保守倾向、办事高效利索，想法变为实际行动	坚守教条，相信经验	组织变化
完成者	勤勤恳恳、尽职尽责、积极投入，找出差错与遗漏，准时完成任务	完美主义	过于执著的行为
专家	目标专一、自我鞭策、甘于奉献，提供专门的知识与经验	为了学而学	忽略本领域以外的技能

（一）实训项目

组建创业团队，分配团队成员角色。

（二）实训目的

1. 加强对创业团队中角色的正面素质的认识。

2. 掌握九种不同角色在创业团队中的价值与位置。

3. 了解创业团队中不同角色可能存在的缺点。

（三）实训任务

1. 讨论并分析这九种团队角色在创业团队中可能对应什么样的职位。

2. 讨论并分析拟构创业团队中需要哪些角色。

3. 剖析自己的创业角色类型,是一种角色还是同时具有其中的若干种角色。找出自己的缺点,试着在学业中、生活中、创业中改变它。

(四)实训地点

学校指定的网络教学平台。

(五)实训要求

1. 教师提前3天将实训资料包上传到网络教学平台,要求学生了解实训任务单及实训目的。

2. 课前由教师指导学委将全班分为若干个小组,完成下列内容。

(1)每个小组按照表中的九种团队角色描述,对自己属于哪种角色进行定位并说明理由。

(2)每个小组按照表中的九种团队角色描述,对小组中的其他成员属于哪种角色进行分析并说明理由。

(3)每个小组讨论并分析拟构创业团队是否有这三类人,这三类人是保证团队良好运转的必要组合,即专业方面很突出的成员、决策水平高且能快速解决问题的成员、善于协调人际关系的成员。

(4)各小组将讨论过程录成不短于20分钟的视频,将讨论结果形成角色分析报告(书面)一起发布在学习平台。

(六)评价与考核

师生对各小组提交的角色分析报告与视频,从针对性、全面性、深浅度等几个方面进行比较打分。教师评分占60%,学生小组自评与互评各占20%。

拓展阅读

销售团队的建设

对于连锁店来说,要提高销售人员的工作积极性、提高业绩,销售团队的凝聚力、执行力至关重要。连锁店的店长职责包括了解店的经营方针与发展目标、经营理念和企业文化,并灌输到每个员工心里;依据经营方针与目标来建立店铺销售及管理计划;担任政策与员工之间的沟通中介;评估店员表现等。一个店铺就是一个组织、一个团队,作为一个创业者,店长要求具备以下四个条件:能带给下属信赖感,能激发下属的工作欲望,具备领导和统御能力,能带动全店的绩效持续上升。

任务四 整合创业资源

名人语录

企业发展就是要发展一批狼。狼有三大特性:一是敏锐的嗅觉;二是不屈不挠、奋不顾身的进攻精神;三是群体奋斗的意识。

——任正非

扫码"学一学"

案例讨论

案例： 从事乳业 30 年的牛根生，于 1999 年创办蒙牛乳业，在"一无工厂，二无奶源，三无市场"的困境下开拓进取，使现在的蒙牛"一有全球样板工厂，二有国际示范牧场，三有液态奶销量全国第一的业绩"。在以前的公司工作时，由于业绩突出，公司奖励了牛根生一辆好车，他却拿它换了五辆面包车，分给几个下属一人一辆。因为他对别人付出得多，别人也对牛根生有更多的回报。当牛根生从伊利公司出来时，以前的 400 多名下属也一同追随他。牛根生常常说，蒙牛的衣食父母是"三民"（市民、农民、股民），市民饮奶，农民供奶，股民投资奶。牛根生团队把最大的竞争对手伊利排在广告牌的首位：向伊利学习，为民族工业争光，争创内蒙古乳业第二品牌！他的团队从不说抨击伊利的话，甚至招待客户有的也用伊利牌矿泉水。（改编自各类报刊）

问题： 牛根生和他的创业团队成功的原因是什么？

必备的理论知识——理论环节

一、创业资源内涵与类型

（一）创业资源的内涵

简言之，创业资源就是创业条件或者创业要素，创业资源贯穿在创业的整个过程当中，创业行为离不开创业资源。经济学认为，为达到获得财富这一创业目标所投入和付出的所有要素和支撑条件都可以叫作创业资源。管理学认为，它主要是指知识和信息密集型的不同类别的生产要素，以及不同生产要素的组合。创业本质上就是持续在资源的支持下提供产品或服务而获得利润的行为。

（二）创业资源的类型

创业资源内容十分丰富，有不同的分类法，如有形资源和无形资源、核心资源和非核心资源、自有资源和外部资源。从创业资源在创业初始阶段所发挥的作用，结合大学生创业的特点，创业资源可简要分为以下六种类型。

1. 物质资源 包含厂房、办公设备、原材料等，是一种有形资产，如果不是稀缺产品，资金可以很容易地解决物质资源的匮乏。

2. 资金资源 创业肯定需要启动资金，创业的初始阶段常常资金不足，这是制约企业发展的一个瓶颈，而后续的产品开发、市场营销、员工薪酬等也要有资金的铺垫。创业并非只在资金充裕的条件下才能开展，在校或刚毕业的大学生如果没有在外兼职，基本没有收入来源，但可以通过多样化的渠道去筹集资金。

3. 人力资源 人力资源在企业内部就是人才资源。企业在技术、管理、财务等各个部门，在生产、销售、物流等各个环节中的知识层次和素质较高的群体就是企业重要的人才资源。人才是企业最重要最灵活的核心资源，特别是高科技企业和技术含量高的企业，人力资源是企业成败的关键。人力资源可以通过内部培养和外部招聘获得。

4. 技术资源　在初创企业的运行过程中,技术资源是一种知识,包括各类软硬件设备、处理各类实际问题的知识。技术资源本质上是一种科学技术成果、作业程序、信息或生产过程等,它能转化为企业的商业价值。大学生专业知识丰富,学科背景强,思维活跃,在技术资源和技术创新方面有较强的优势。

5. 社会资源　社会资源指的是企业所具有的各种社会资本和社会关系,包括创业核心人物和团队其他成员所拥有的社会关系,即人脉。大学生身处校园,以读书为主,与社会关联不多,社交网络不强。他们创业的社会资源单一,以亲戚朋友和学校里的老师为主,但经过努力是可以不断拓展的。

6. 管理资源　管理资源是指存在于企业当中的各种管理制度、运行机制、组织机制等,也包括创业者所拥有的管理方面的知识、能力和经验。科学而完善的管理资源可以让企业各个部门配合协调,运转高效。大学生以获取专业知识为主,在管理知识和运营资源方面不足,在创业时不能太过理想,要注意角色的转换。

二、获取创业资源的途径

(一)从创业资源的领域来看

1. 获取人脉资源的途径　整合人脉资源本质上就是做人,也可以说是一种情感投资,做一个既使他人愉悦,又让自己获益的人。它包括:①长期关系维护性,不要平时不烧香,急时抱佛脚;②可拓展性,在维护中拓展新的人脉关系;③辐射性,直接的朋友不能帮你,但朋友的朋友也许可以。

2. 获取人才资源的途径　创业时求才、重才、留才是企业成功的基础,一是要借助"外脑"即其他企业、科研院所等的人才,二是培养企业自身的骨干。要根据人才的特长和能力安排适当职位,使其有"信任感";要给人才具体任务,能够解决问题,使其有"成就感";要给作出贡献的人才以表彰和奖励,使其有"光荣感";要对人才提供相应的待遇,使其有"满足感"。

3. 获取技术资源的途径　创业靠产品,而产品立足于技术。创业时获得技术资源的途径包括:①直接购买、使用成熟的技术;②购买不完全成熟的、成长性的技术,并加以继续研发而直至可以商用;③将技术持有人招募到创业团队中来或企业自己开发。不论是何种方式,一定要根据企业本身的规模、资金等来全面考量。

4. 获取信息资源的途径　在当代这样一个信息爆炸的时代,如何在庞杂的信息世界中,用较短的时间有效地获得外部和内部的信息而抓住创业机遇,不是一件简单的事。创业时的信息化应该具有前瞻性,特别是对创业者和高层管理人员而言,要从行业发展、竞争对手、合作伙伴、政府政策和客户等方面的信息来进行搜集、分析并作决策。创业时还要随时对科研机构、图书馆、同行企业、各类媒体、政府机构等保持关注,全方位多层次地猎取有用的信息资源。

5. 获取资产资源的途径　创业离不开资本的扶持,其获取途径首先是亲朋好友,这是一种最快最信任的方式;其次是从银行等金融机构或企业等贷款;再次是获得政府各级各类的项目资金;还有创业加盟者、投资股东等的资金;资本市场的资金相对体量较大,对企业股权的流动有保障，能够有利于企业资源的整合。

6. 获取行业资源的途径　创业时在自己熟悉的行业中选择才有利于成功，对行业的了解是创业的基本功。获得行业资源就是需要了解相关行业的发展情况与关系网，以便与行业内的优质资源进行整合。直接的行业资源，例如行业内竞争对手、客户、经销商、供货商等；间接的行业资源，例如行业协会、行业展会、行业媒体、研究机构、行政管理机构等，都要长期保持关注。

7. 获取政府资源的途径　政府资源可以说就是优惠的扶持政策，包括科技政策、税收政策、产业政策、融资政策、财政扶持政策、创业扶持政策、政府采购政策、中介服务政策等。获取政府资源的途径包括：查询政府公共网站、咨询各类政策服务公司、与政府部门密切沟通等，这样会少走弯路，让效益最大化。

（二）从创业资源的出处来看

1. 政府资源　政府鼓励大学生的创新创业项目，大学生的小额贷款容易通过。政府在财政、融资、税收和服务等方面都出台了相对应的优惠政策，要充分利用。

2. 高校资源　高校的创业资源包括：① 与创新创业有关的教学体系；② 创业训练体系，如各种创业大赛、创业训练营等；③ 各类创业孵化平台，提供了种子资金、创业奖学金、风投基金等。同时还引用校内外的企业家、投资人、专家学者担任创新创业导师。

3. 企业资源　产学研相互促进是大学生获得企业资源的有效途径，国内外很多高校的院系都与相关专业的企业、公司、机构达成人才、管理、技术等方面的合作，除了就业和实习，甚至学生的创新创业成果都可以运用到相关企业当中去。条件适宜的各类企业也愿意设立相关的特色服务平台，在技术和资金等方面为大学生提供帮助。

4. 社会各界的资源　除了政校企这三个基本的资源供给，还有众多的社会各界各领域的创业资源也要加以利用。家庭资源在血缘和亲情上给大学生创业提供了最便利和最有力的保障，研究表明家庭条件优越和家庭条件很差的大学生创业比例较高。作为中介性的、民间性的行业协会经常邀请成功的创业校友回校交流，也是一种有利的创业资源。大学生创业的潜力巨大，风险投资机构也愿意对大学生创业项目进行投资。

三、创业融资的策略选择

有研究表明，我国大学生创业环境中起主要作用的要素是融资信贷和政府在政策措施等多方面的引导激励，可见创业融资是大学生创业最关心的问题。

（一）预测盈利与融资成本

创业项目的发展前景如何，盈利状态怎样，这是决定一个企业成败兴衰的关键。一般而言，投资者或者投资机构最看重的是创业项目的账务状况、盈利能力。项目的市场、产品的产量和质量、企业未来的走向等都与融资数量有着密切的关系。同时在融资时还要注意融资成本，融资总的成本要小于融资总收益。

（二）创业前的资金需求量的预估

创业者要审时度势、量力而行地对创业时的资金需求量进行评估，即对融资规模要有一个较为准确的预估，过多或过少都会给企业的发展带来麻烦与困难。资金需求需要创业者进行合理的规划，融资期限也需要通盘考虑，这对吸引投资者有重要价值，同时也会节约资金，降低创业时的融资风险。

（三）选择符合企业发展的投资者

投资人或投资机构多种多样，如商业伙伴、客户、供应商、家人朋友、风投、天使投资人等都可以是潜在的投资方。作为一个双向互动的选择行为，创业融资方要明确所需要的投资方的类型。理想的投资者的特点包括：对行业真正有兴趣；资金充足；与业界有较多的联系，可以提出创业相关的规划发展等商业建议；有修养和较好的口碑，在关系上能和创业者协调和谐等。这样的投资者可以给创业者带来不可复制的竞争优势。

（四）不同阶段采取相应的融资方式

创业不是短时期的一蹴而就，不同的时期要采取不同的融资方式。在企业刚启动或者说是处在种子期，销售收入为零，盈利记录为零，风险是难以预测的，投资者一般在观望。这时候创业者要将眼光放在政府的政策资金和项目资助上，同时亲戚朋友的资金投入也是要重点考虑的。到了创业成长期，市场打开，规模效益开始出现，在资金需要量大的情况下，银行贷款和风投的债务融资、股权融资方式是可以利用的。到了企业迅速发展的壮大期，资金规模猛增，创业板市场是一种选择。

（五）整合创业资源

展现创业项目的鲜明优势是吸引各类投资人特别是风投机构的最佳办法。为了让资金顺畅注入，创业时要对各种基本资源加以整理完善，塑造并突出项目的优势。在企业创始和成长过程中，要协调物质资源、人力资源、技术资源、管理资源、政府资源等，构建有特色的、高价值的资源库，突显企业的核心竞争力，在同行中显得与众不同，这样有利于消灭融资这只"拦路虎"。

（六）灵活采取众筹方式

作为一种新的融资方法，创业众筹有着门槛不高、资金广泛、风险不高、规模大等特点，它对大学生的创业有着不同于传统融资方式的高效率，帮助大学生从校园迈向市场，面向大众。这种新的融资渠道可以采用不同的方法，例如债券众筹、股权众筹、产品众筹、公益众筹。它可以使大学生创业团队减少营销成本，掌控企业，对规避资金风险、经验不足和人手不够等短板是一种有效的解决方法。

必备的实践能力——实训环节

创业成功的关键是首先寻找成功的创业技术。创业技术是决定创业产品的市场竞争力和获利能力的根本因素，创业技术也决定了所需创业资本的大小。创业者的企业家意识和素质是创业阶段最关键的创业管理资源，而其中创业成员的人力资源要素是重中之重。请对以下的"姜标现象"进行阐释，并完成相应的训练任务。

案例

"姜标现象"

上海中科合臣股份有限公司是一家上市的医药和农药类公司。公司在当年面临破产之际，首先邀请供职于美国杜邦公司新药研究中试基地的姜标回来担任科研和产品开发的副总经理。姜标精于医药、农药等科研产品开发，他临危受命，很快就组建起公司的医药、农药开发基地，并开发、生产出可供出口的高品质的医药和农药中间体。仅 1998 年就创造了 800 多万美元的产值。在中科合臣，这被称为"姜标现象"，即"引进一个人才，带动一个产业"。公司由此加大了人才资源整合的力度。几年来，先后引进数十名硕士、博士和博士后，整个公司专业技术人员数量占到职工总数的 30% 左右。公司涌现了一批"姜标式"的人物，开发了一批高质量的高科技产品。

（一）实训项目

融合优质创业资源。

（二）实训目的

1. 体会创业时资源整合的重要性。

2. 领会创业团队中人力资源的决定性价值。

（三）实训任务

1. 讨论并分析中科合臣公司逐步壮大走向成功的关键要素。

2. 讨论并分析中科合臣公司是如何整合人力资源的。

（四）实训地点

教室。

（五）实训要求

1. 教师提前 3 天将实训资料包上传到学校指定的网络教学平台，要求学生了解实训任务单及实训目的。

2. 课前由教师指导学委将全班分为若干个小组，完成下列内容。

（1）各小组分析讨论创业资源的类型和获取创业资源的途径。

（2）各小组之间就人力资源是不是最重要的创业资源进行辩论。

（3）各小组选取一名代表，结合自己所在学校、专业或者兴趣，以演讲的形式说明大学生创业如何获取创业资源。

（六）评价与考核

1. 采用学生评价与教师评价相结合的方式进行。其中学生评价分为小组自评、小组互评。

2. 师生对各小组的讨论与演讲结合，根据真实性、逻辑性、知识性来打分。

3. 采取百分制。其中小组自评、小组互评、教师评价分别占 20%、30%、50%。

拓展阅读

创业资源整合的深化

创业时技术与人才资源是最基础的要素。技术资源的主要来源是人才资源，重视技术资源的整合也就是注重人才资源的整合。技术资源的整合，不仅要整合、积聚企业内部的技术资源，还要整合外部的可资利用的技术资源。整合技术资源只是起点，技术资源整合是为了技术的不断创新，自主研发并拥有自主知识产权，保持技术的领先，占领市场，壮大企业。

思考题

1. 假如你或者你的同学、朋友准备在食品、药品、保健品等行业进行创业，试列出大学生创业和普通民众创业在政策上的不同之处。

2. 试述大学生创业的模式和策略。

3. 组建创业团队有什么技巧？

4. 创业时的众筹有什么优缺点？

（袁　忠）

扫码"练一练"

项目六　着手创办企业

知识目标

1. **掌握** 新企业的注册流程。
2. **熟悉** 个人独资企业、合伙企业、公司制企业设立的条件；熟悉企业进入市场的模式。
3. **了解** 企业的含义和企业的法律组织形式；各企业法律组织形式的优势和劣势；"三创"的含义与精神。

能力目标

学会根据创业实际情况对企业法律组织形式进行合理的选择；根据选择的企业类型进行企业注册前的筹备；依法办理新企业的注册。

任务一　知晓企业类型

扫码"学一学"

名人语录

我觉得真的不是缺钱，想法也满天都是。中国缺的是一个有想法，并且能够持之以恒把这个想法不断坚持做下去的人。

——马云

案例讨论

案例： 为给勇于尝试的大学生们提供一个良好的创业环境，降低市场准入门槛，鼓励更多大学生投入创业"商海"，温州市发布创业登记注册实施"零首付"的新政规定。注册资本在100万元以下的内资公司（一人有限公司除外），还可申请免缴首期注册资本。除登记注册"零首付"外，还首次放宽高校毕业生创办企业住所（经营场所）登记条件，面向股权投资企业和电子商务、文化创意、软件设计、动漫游戏等现代服务产业的内资企业试行"一址多照"，同一地址可以作为两个以上企业住所（经营场所）登记。同时，推行住所（经营场所）备案制度。毕业2年以内的高校毕业生自主创业自筹资金不足的，还可在创业地按规定申请不超过30万元的小额担保贷款。

问题： 1. 面对这么多利好的创业政策，作为大学生该如何抓住时机着手创办自己的企业？

2. 适合初创的企业类型都有哪些？我们该如何选择呢？

必备的理论知识——理论环节

企业，一般是指以盈利为目的，运用各种生产要素（土地、劳动力、资本、技术和企业家才能等），向市场提供商品或服务，实行自主经营、自负盈亏、独立核算的法人或其他社会经济组织。

企业的组织形态是由法律规定的。企业的法律形态是指企业依据不同的法律标准和条件所形成的组织形式。创业者有权选择不同组织形态的企业。企业选择设立的法律组织形态不同，设立的条件和程序也不同，创业者需要对不同法律形态的企业组织形式有所认知，才能更好的作出选择。

在我国，适合创业者选择的企业法律形态主要有：个人独资企业、合伙企业、公司制企业（包括有限责任公司和股份有限公司）、个体工商户、农民专业合作社等。创业者应当根据自己的实际情况，综合考虑企业的资金、规模、共创人数、技术、经营和税收等因素，选择创办适合自己的企业形态，才能更有利于新创企业的长远发展。

一、个人独资企业

个人独资企业是指依法在中国境内设立，由一个自然人投资，财产为投资人个人所有，投资人以其个人财产对企业债务承担无限责任的经营实体。个人独资企业不是法人，需要承担无限责任。我国 2000 年 1 月 1 日起实施的《中华人民共和国个人独资企业法》（简称《个人独资企业法》）是调整个人独资企业经济关系的基本法律。

（一）个人独资企业的设立条件

根据《个人独资企业法》规定，我国对个人独资企业的设立，在立法上采取了准则主义，也就是只要符合法律规定的设立条件，企业无须经过有关部门批准即可直接办理工商登记。

1. 投资人为一个自然人　个人独资企业的投资人必须是自然人，法人或其他组织不能成为个人独资企业的投资人。申请设立个人独资企业的投资人应当具有相应的民事权利能力和民事行为能力。

2. 有合法的企业名称　个人独资企业的名称必须与其责任形式相符合，不能使用"有限责任""有限""公司"等字样。

3. 有投资人申报的出资　法律没有限定个人独资企业的出资额金额。投资人的申报金额原则上应当与企业生产经营规模相适应，可以是个人资产出资，也可以是家庭共有财产出资。

4. 有固定的生产经营场所和必要的生产经营条件　生产经营场所包括企业的住所和与生产经营相适应的处所。

（二）个人独资企业的限制条件

1. 法律、行政法规禁止从事营利性活动的人，不得作为投资人申请设立个人独资企业，比如警察、法官、检察官等。

2. 投资人须是中国公民。

（三）投资人的权利和义务

个人独资企业的显著特征是个人所有制企业，投资人的投资以及企业所得收益均归个人所有，投资人享有企业财产所有权，其有关权利可以依法进行转让或继承。同时，投资人也是企业的负责人和代表人，享有企业的经营权和管理权。当然，他可以自行管理企业事务，也可以委托或者聘用其他具有民事行为能力的人负责企业的事务管理。

（四）个人独资企业的优势与劣势

1. 个人独资企业的优势 ①个人独资企业资产所有权、控制权、经营权、收益权高度统一，有利于保守与企业经营和发展有关的秘密，有利于业主个人创业能力的施展和创业精神的发扬。②企业业主自负盈亏和对企业的债务承担无限责任，是业主不得不慎重考虑的预算约束。企业经营好坏同业主个人的经济利益乃至身家性命息息相关，因此，业主会尽心竭力地把企业经营好。③企业的外部法律法规等对企业的经营管理、决策、进入与退出、设立与破产等的制约比较小。

2. 个人独资企业的劣势 ①难以筹集大量资金。一个人的资金终归有限，以个人名义借贷款难度也较大。因此，独资企业的资金瓶颈限制了企业的扩展和大规模经营。②投资者风险巨大。企业业主对企业承担无限责任，从而限制了业主向风险较大的方向和领域进行投资的活动。这对新兴产业的形成和发展极为不利。③企业连续性差。个人独资企业的业主是自然人，业主的老弱病死，以及他个人及家属知识和能力的缺乏，都可能导致企业破产。④企业内部的基本关系是雇佣劳动关系，劳资双方利益目标的差异，使企业内部组织存在效率低下的潜在危险。

二、合伙企业

合伙企业，是指依法设立的由两个或两个以上的合伙人订立合伙协议，共同出资、共同经营、共负盈亏、共担风险，并对合伙企业债务承担无限连带责任的营利性组织。合伙企业也属于非法人企业，不缴纳企业所得税。

合伙企业包括普通合伙企业和有限合伙企业。有限合伙企业由普通合伙人和有限合伙人组成。其中，普通合伙人对合伙企业债务承担无限连带责任；有限合伙人以其认缴的出资额对合伙企业债务承担有限责任。普通合伙企业由普通合伙人组成，合伙人对合伙企业债务都承担无限连带责任。

（一）合伙企业的设立条件

1. 应当有两个以上的合伙人 就人数而言，至少应当有两个合伙人，这点与个人独资企业不同。

2. 有合伙人实际缴付的出资 作为合伙企业的合伙人必须有具体的出资。合伙企业的具体出资额，法律并没有金额限制，只要合伙人认为与经营相适应即可。只要合伙人一致同意，出资的形式可以是货币、实物、土地使用权、知识产权、其他财产权，甚至是劳务。

3. 有企业自己的名称 合伙企业应当有自己的名称。根据《企业名称登记管理规定》，企业名称经依法核准登记后，企业便享有名称使用权。

4. 有经营场所和从事合伙经营的必要条件 所谓必要条件，就是根据目的和经营范围，如果缺乏企业则无法从事生产经营活动的物质条件。合伙企业必须有一定的营业场所和从事经营的必要条件。

（二）合伙企业的优势与劣势

合伙组织形式与个人独资企业和公司相比，有明显的优势，同时也有不足，这需要创业者根据自己的实际情况综合考虑进行选择。

1. 合伙企业的资本来源比独资企业广泛，使企业的筹资能力有所提高。合伙企业可以充分发挥合伙人优势互补的作用，提高企业综合竞争力。这两点都有利于合伙企业规模相对扩大。但相对于公司而言，合伙企业不能发行股票和债券，企业的资金来源和企业信用能力有限，又使得合伙企业的规模不可能太大。

2. 由于合伙企业合伙人共同承担合伙企业的经营风险和责任，因此，合伙企业的风险和责任相对于独资企业要分散一些。但与公司制企业股东的责任相比，合伙人之间的连带责任更加重了合伙人的风险。

3. 法律对于合伙企业不作为纳税单位征收个人所得税，因此，合伙人只交纳从合伙企业分得的利润与其他个人收入部分的个人所得税。从理论上来讲，合伙企业比一般公司盈利更多，这也是高风险成本的收益。

4. 法律对合伙关系的干预和限制较少，因此合伙企业在经营管理上具有较大的灵活性和自主性。与股东对公司的管理权利不同，每个合伙人都有权参与企业的经营管理工作。

5. 合伙企业任何一个合伙人破产、死亡或退伙都有可能导致合伙企业解散，合伙企业存续期限不可能很长，较难做大做强。

三、公司制企业

公司制企业是指由两个以上投资人（自然人或法人）依据《中华人民共和国公司法》（简称《公司法》）出资设立，以其全部资产为限对公司的债务承担责任的法人企业。它是一种实现所有权与经营权相对分离，有利于强化企业经营管理职能的企业组织形式。根据《公司法》规定，我国的公司分为有限责任公司和股份有限公司。

（一）有限责任公司

有限责任公司是指股东以其出资额为限承担责任，公司以其全部财产承担责任的企业法人。

1. 有限责任公司的设立条件 ①具有符合法律规定的股东人数。按照《公司法》规定，有限责任公司由五十个以下股东出资设立。一个自然人或一个法人可以投资设立一人有限责任公司。一个自然人只能投资设立一个一人有限责任公司。②有符合公司章程规定的全体股东认缴的出资额。③有股东共同制定的公司章程。④有公司名称。公司名称应标明"有限责任公司"或"有限公司"字样，并建立符合有限责任公司要求的组织机构。⑤有公司住所。

2. 组织机构 完整的公司组织机构应当包括股东大会、董事会和监事会。股东人数少及规模较小的公司可不设董事会，仅设一名执行董事。

股东大会是有限责任公司的权力机构，是由全体股东组成的表达公司意愿的非常设机构，对外不代表公司，对内不执行业务。董事会是有限责任公司的执行机构，是由股东大会选举产生，对内执行公司业务，对外代表公司的常设性机构。监事会由股东代表和适当比例的公司职工代表组成。监事会中的职工代表由公司职工民主选举产生。

（二）股份有限公司

股份有限公司，又称股份公司，是指公司全部资本分为等额股份，股东以其所认购的股份为限对公司承担责任，公司以其全部资产对公司债务承担责任的企业法人。

1. 股份公司的设立条件　①发起人符合法定人数。发起人应当在两人以上两百人以下，其中须有半数以上在中国境内有住所。②发起人认购和募集的股本达到法定资本最低限额。③股份发行、筹办事项符合法律规定。④有发起人制订经创立大会通过的公司章程。⑤有公司名称，建立符合股份有限公司要求的组织机构。⑥有公司住所。

2. 股份有限公司的优势与劣势　股份有限公司具有其他公司和企业形式无可比拟的优越性和便捷性，几乎是以广泛聚集资金、兴办大型企业为目的唯一选择。同时法律制度上也存在与利益相平衡的制约，这些对于投资者而言，是不可避免的缺陷和不足。

股份有限公司的优势：①利于集资；②分散风险；③股份转让便捷。股份有限公司的劣势：①设立和管理成本比其他公司更高；②经营信息公开；③法律严格监管；④少数股东控制，很容易导致少数股东滥用控制权利，损害其他小股东利益。

四、农民专业合作社

为了进一步提高农民生活水平，促进经济发展，2003 年《中华人民共和国农业法》条款中就提出了"国家鼓励农民在家庭承包经营的基础上自愿组成各类专业经济合作组织"的规定。2006 年颁布了专门的《中华人民共和国农民专业合作社法》（以下简称《农民专业合作社法》2017 年修订），以大力促进农村经济体制改革，提高农村经济水平。

根据《农民专业合作社法》规定，"农民专业合作社是在农村家庭承包经营基础上，农产品的生产经营者或者农业生产经营服务的提供者、利用者，自愿联合、民主管理的互助性经济组织"。

农民专业合作社是以其成员为主要服务对象，提供农业生产资料的购买、使用，农产品的生产、销售、加工、运输、贮藏以及与农业生产经营有关的技术、信息等服务。合作社根据社员的愿望和要求，开展业务经营活动，并通过组织力量，在激烈的市场竞争中，使社员的利益得到保护和实现。合作社客观存在的根本目的不是获取利润，而是为全体成员提供多种所需要的服务，最终实现共同富裕。因此，为成员服务是其始终不变的宗旨。

（一）农民专业合作社的特点

1. 农民专业合作社是一种具有互助性质的经济组织。
2. 农民专业合作社是建立在农村家庭承包经营基础之上的经济组织。
3. 农民专业合作社是以农民为主体的专业性经济组织。
4. 农民专业合作社是自愿联合和民主管理的经济组织。
5. 农民专业合作社是以盈余返还为特征的经济组织。

（二）农民专业合作社的类型

1. 以生产、再生产环节为标准　可以将合作社分为四类：①生产合作社，即从事种植、养殖、采集、渔猎、加工、建筑等生产活动的各类合作社。②流通合作社，即从事推销、运输、购买等流通领域服务业务的合作社。③信用合作社，即接受社员存款、贷款给社员的合作社。④服务合作社，即通过各种劳务、服务等方式，提供给社员生产生活一定便利条件的合作社。

2. 以合作社自身功能为标准 合作社可分为两大类，即生产类合作社和服务类合作社。服务类合作社又可以分为：消费合作社、供销合作社、运销合作社、保险合作社、利用合作社、医疗合作社、公用合作社、劳务合作社等。

（三）农民专业合作社设立的法定条件

1. 要有 5 名以上符合《农民专业合作社法》规定的成员。成员中农民至少占成员总数的 80%；成员总数 20 人以下的可以有一个企事业单位或者社会团体成员；成员总数超过 20 人的，企事业单位和社会团体成员不得超过成员总数的 5%。具有管理公共事务职能的单位不得加入农民专业合作社。

2. 要有符合法律规定的组织机构。成员大会或成员代表大会、理事长、理事会、执行监事或监事会等。其中成员大会和理事长必须设立，其他视实际情况和需要而定。

3. 要有全体设立人参加的设立大会通过的章程。

4. 要有符合法律法规规定的名称和章程确定的住所。

5. 要有符合章程规定的成员出资。

（四）公司和农民专业合作社的区别

公司和农民专业合作社（以下简称合作社）有一些相似的地方，比如两者均具有法人资格；股东对公司或者成员对合作社均只承担有限责任；公司中的股份有限公司对股东人数的要求与合作社对成员人数的要求均没有上限；合作社的组织机构有成员大会、理事会、监事会、经理等，跟公司组织机构中的股东大会、董事会、监事会、经理等相类似。但是根据《公司法》《农民专业合作社法》的相关规定作一些比较，不难发现二者之间还有很多不同的地方。

1. 公司以营利为目的，合作社是一种互助性的经济组织。公司股东注入资产到公司，公司对外展开经营活动，创造利润并回报股东。因此，获得利润并为股东创造价值是公司的根本目的。合作社目的是形成聚合的规模经济，以节省交易费用、增强市场竞争力、提高经济效益、增加成员收入。因此，合作社的主要目的在于为成员提供服务。

2. 办合作社的门槛比办公司要低得多。《农民专业合作社法》对于合作社的出资问题规定的相对宽松，农民入合作社可以出资也可以不出资，而公司则有最低注册资本的要求。

3. 对于成员或股东的要求不同。在合作社成员中，农民至少应当占成员总数的 80%。且成员总数 20 人以下的，可以有一个企业、事业单位或者社会团体成员；成员总数超过 20 人的，企业、事业单位和社会团体成员不得超过成员总数的 5%。公司只对公司股东的数目作出了要求，而没有对股东成分作出限制。

4. 公司股东不能抽回出资，而合作社实行成员"退社自由"的原则。公司法不允许股东在公司成立后抽回出资。股东如果想与公司脱离关系，只能向其他人转让公司的股份。而合作社成员要求退社的，根据合作社"退社自由"的原则，只要在财务年度终了的一定期间内向理事长或理事会提出即可退社。但合作社成员却不能像公司股东转让股份那样将出资额和成员资格转让给他人。

5. 登记要求不同。法律规定，合作社到当地的工商行政管理部门办理登记是不收费的，而公司登记则是按照注册资金的总额按比例收取登记费。

必备的实践能力——实训环节

企业的法律形态有多种，各有优势和不足。创业者应根据自身情况和愿望，综合考虑，选择适当的企业法律形式进行投资。一般创业者需要考虑的因素有：创办企业的规模大小、创业资金的多少、创业观念、所能承受的风险、准备创业的行业的发展前景等。现有三个准备创业的大学应届毕业生，正站在创业法律形式选择的十字路口上。请模拟其中的一位大学生创业者，完成实训任务。

案例

创业前的选择题

小刘毕业于马里兰大学经济学专业。小刘的女友也是学经济学的，还拥有韦尔斯利女子学院和麻省理工学院两所高校的双学位。小刘和女友回国后一起创业，他们先后做过风险投资、创投媒体等行业，最后将目光聚焦在健康食品领域。

小杨就读于中欧国际工商学院。毕业在即，他打算接手学校边上的一家川菜馆，并计划在一年内把它发展到年营业额规模 200 万以上的火锅店，赢得创业的第一桶金。

小李大学毕业后就到河南农村做了村官，他发现农村的土鸡蛋在城市里很受欢迎，并且价格不菲，激起了他的创业热情。他计划办一个创业联盟，专门做土鸡蛋进城的生意，让城里人四季都能吃到农村纯天然的土鸡蛋，同时带领村里的人发家致富。

（一）实训项目

注册企业前的准备。

（二）实训目的

1. 熟悉适合创业的企业类型和各类型企业间的区别；各类企业的设立条件。

2. 能够根据自己的创业项目选择适合的企业类型；能够按照相关法律法规进行企业注册前的准备工作。

（三）实训任务

1. 对案例中的三个大学生创业者应选择的企业类型进行分析讨论。

2. 模拟当事人，为选定的创业项目选择适合的企业类型。

3. 根据选择的企业类型的设立条件，做好注册前的相关准备。

（四）实训地点

不限。可以根据教学实际情况，安排在课堂。

（五）实训要求

1. 4~6 人一组，组成创业团队，拟定创业项目计划书，明确具体的经营项目、经营模式、经营规模、发展规划以及要达到的经营目标。

2. 根据创业项目计划书，选择确定企业的类型，并对所做的选择进行分析论证说明。

3. 每组针对设立的项目和选择的企业类型，进行陈述答辩，根据答辩提出的建议进行项目完善，由教师审核通过后，可进入下一步工作。

4. 根据选定的企业类型，查询相关的法律法规，依法依规进行企业注册前的准备。

5. 每组提交一份《企业注册准备方案》及《注册材料汇编》。

（六）评价与考核

1. 由教师对各组的答辩情况进行评估打分。

2. 由教师对学生提交的《企业注册准备方案》及《注册材料汇编》进行评估打分。

拓展阅读

初创者的菜——"有限责任公司"

对于初创企业来说，有企业家建议"有限责任公司"是目前最适合的企业类型，原因如下。

1. 有限责任公司的股东只需要承担其出资额度的"有限责任"，在法律层面上就直接把公司和个人分隔开了，可以避免创业者承担一些不必要的财务风险。

2. 有限责任公司运营成本低、机构设置少、结构简单很适合企业的初步发展阶段。

3. 目前成熟的大公司，几乎都基于"有限责任公司"设计投资方案。直接注册"有限责任公司"，在未来引进投资过程中也会比较顺利。

思考题

1. 适合创业者的企业法律组织形态有哪些？各有何特点？

2. 创业者如何根据自身的特点和业务内容选择恰当的企业组织形态？

3. 不同的企业组织形态会对新创企业后的生存与发展有怎样的影响？

任务二　注册新的企业

名人语录

创业的过程，实际上就是恒心和毅力坚持不懈的发展过程，这其中并没有什么秘密。

——李嘉诚

扫码"学一学"

案例讨论

案例：由于市场的变化，创业的李小姐必须在一周之内注册一家香港公司。依据香港政府规定，新公司注册，最快为 10 个工作日，没有可能在一周之内注册一家新的香港公司。考虑到时间的紧迫性，李小姐找到一家专门代理注册的公司。代理注册公司经过分析，建议李小姐购买现成的香港公司以解燃眉之急。这种公司从时间上可分为新成立公司和成立超过一年以上的公司。前者的优点是刚刚成立，没有

发生任何业务活动，比较简单。后者的优点是马上可用以国内投资，但有可能发生商务活动，必须理清账务方可出售。权衡利弊之后李小姐选择了购买现成的新公司，仅用 3 天时间便完成。由此可见，直接购买新公司，有时是新创业企业解决燃眉之急的最好方法，有利于企业快速应对市场的变化，抢得市场先机，为创业者尽可能争取最大的利益。

问题： 1. 新公司注册都有哪些要求？

2. 怎样才能顺利地注册一家新公司？

3. 李小姐的新企业是采用什么样的模式进入市场的？

必备的理论知识——理论环节

一、企业的注册流程

创业者根据自己的实际情况，确定好创业项目的组织形式之后，就可以根据相关法律规定进行新企业的登记注册工作了。

根据《中华人民共和国民法通则》（以下简称《民法通则》）的有关规定，我国制定了《中华人民共和国企业法人登记管理条例》（以下简称《企业法人登记管理条例》），建立了企业法人登记管理制度，旨在确认企业法人资格，保障企业合法权益。该条例规定，凡具备企业法人条件的全民所有制企业、集体所有制企业、私营企业、联营企业，在中国境内设立的外商投资企业（包括中外合资经营企业、中外合作经营企业、外资企业）及其他企业，应当根据国家有关规定申请企业法人登记。

（一）法人

自然人是以生命为存在特征的个人。法人是相对于自然人而言的，是具有民事权利能力和民事行为能力，依法独立享有民事权利和承担民事义务的组织。由此可见，法人是社会组织在法律上的人格化，是法律意义上的"人"，而不是实实在在的生命体。法人依法产生，依法消亡。根据《民法通则》规定，法人应当具备以下四个条件：依法成立；有必要的财产或者经费；有自己的名称、组织机构和场所；能够独立承担民事责任。

根据《民法通则》的规定，我国将法人分为企业法人、机关法人、社会团体法人和事业单位法人。新创业企业属于企业法人范畴。

（二）企业法人登记管理制度

我国实行企业法人登记管理制度。企业必须经过法人登记主管机关审核，准予登记注册、取得法人资格，其合法权益才受国家法律保护。我国的法人登记主管机关是国家市场监督管理总局和地方各级市场监督管理局。

企业办理企业法人登记时，由该企业的组建负责人申请。企业经市场监督管理局依法登记注册，领取《企业法人营业执照》，取得企业法人资格，才能从事企业经营活动。依法需要办理企业法人登记而未经企业法人登记主管机关核准登记注册的企业，不得从事经营活动。

扫码"看一看"

（三）企业登记注册基本流程

在目前的经济环境中，投资者注册企业形式包括有限责任公司、股份有限责任公司、个体工商户、私营独资企业、私营合伙企业。

2015 年 8 月 7 日，《工商总局等六部门关于贯彻落实〈国务院办公厅关于加快推进"三证合一"登记制度改革的意见〉的通知》（工商企注字〔2015〕121 号）规定，2015 年 10 月 1 日起，全国原各级工商行政管理部门现市场监督管理部门）向新设立企业、变更企业发放加载统一代码的营业执照。"三证合一"，通俗来讲，就是把企业的"工商营业执照""组织机构代码证""税务登记证"三证合为一证，由一个部门核发加载统一社会信用代码的营业执照，实现"一照一码"。

"三证合一、一照一码"登记模式适用的市场主体范围包括有限责任公司、股份有限公司、非公司制企业法人、合伙企业、个人独资企业、农民专业合作社及上述市场主体的分支机构、外国（地区）企业常驻代表机构、外国（地区）企业在中国境内从事生产经营活动的市场主体。个体工商户适用"两证整合"政策。

以新创公司常选择的有限公司的企业组织形式为例，公司的注册流程依次为：

企业名称核查→网上预审→打印预审材料→向市场监督管理局提交预审后的资料→市场监督管理局打印营业执照→刻章备案→银行开立基本账户→税务备案

二、注册公司的步骤

企业登记注册工作主要包括以下几个步骤：办理核准企业名称、网上预审、打印预审材料、向市场监督管理部门提交预审后的资料、申领营业执照、刻章备案、开设银行基本账户、税务备案等。

（一）办理企业名称核准

1. 企业名称预先核准　我国实行企业名称预先核准制度。企业名称在企业申请登记时，由企业名称的登记主管机关核定。企业名称经核准登记注册后方可使用，在规定的范围内享有专用权。主管机关主要核准是否有重名，如果没有重名，市场监督管理局会发给企业《企业名称预先核准通知书》，企业方可使用该名称，并在下发《企业名称预先核准通知书》6 个月内完成企业登记注册。

2. 企业名称的构成　《企业名称登记管理规定》第七条规定："企业应当由以下部分依次组成：学号（或者商号、下同），行业或者经营特点，组织形式。企业名称应当冠以企业所在地省（包括自治区、直辖市、下同）或者市（包括自治区、下同）或者县（包括市辖区、下同）行政区划名称。"这就明确了构成企业名称的四项基本要素：行政区划、字号、行业及组织形式。例如：哈尔滨（行政区划）老鼎丰（字号）食品（行业）有限公司（组织形式）。

《企业名称登记管理规定》还规定，经国家主管机关核准，有如下情况的，企业名称可以不冠以企业所在地行政区划名称：①可以申请在企业名称中使用"中国""中华"或冠以"国际"字词的企业，包括全国性公司、国务院或其授权机关批准的大型进出口企业、国务院或其授权机关批准的大型企业集团、原国家工商行政管理局规定的其他企业。②历史悠久、字号驰名的企业。③外商投资企业。

（二）网上预审

拿到核名函之后登陆市场监督管理局网站进行网上预约登记。注册之后填写相关资料等待预审通过。

（三）打印预审材料

预审通过后在网站上下载自动生成的文件。

1. 公司登记（备案）申请书。

2. 公司章程。

3. 股东会决议或股东决定、股东承诺书。

4. 指定代表或者共同委托代理人的证明。

《公司章程》是公司依法制定的，是股东共同一致通过的，载明了公司的组织和活动基本准则的基本文件，是公司的宪章。

公司章程应包括：①公司名称和住所；②公司经营范围；③公司设立方式；④公司股份总数、每股金额和注册资本；⑤发起人的姓名或者名称、认购的股份数、出资方式和出资时间；⑥董事会的组成、职权和议事规则；⑦公司法定代表人；⑧监事会的组成，职权和议事规则；⑨公司利润分配办法；⑩公司的解散事由与清算办法；⑪公司的通知和公告办法；⑫股东大会会议认为需要规定的其他事项。

股东应当在公司章程上签名、盖章。申请企业注册时，《公司章程》需要准备多份。

（四）向主管机关提交预审后的资料

1. 公司登记（备案）申请书。

2. 公司章程。

3. 股东决定。

4. 指定代表或者共同委托代理人的证明。

将这些文件连同法人身份证、代理人身份证、租赁协议复印件、房产证、土地证复印件交至主管机关。

（五）申请营业执照

主管机关市场监督管理局通知领取营业执照。根据《中华人民共和国企业法人登记管理条例》规定，"申请企业法人开业登记的单位，经登记主管机关核准登记注册，领取《企业法人营业执照》后，企业即告成立。"营业执照是原工商行政管理机关发给的，准许企业或组织从事某项生产经管活动的凭证。没有营业执照的企业或组织一律不准开业，不准从事生产经营活动。

营业执照的登记事项主要包括企业名称、企业地址、负责人姓名、注册资金数额、经营范围、经营期限等。营业执照分正本和副本，二者具有相同的法律效力。营业执照不得伪造、涂改、出租、出借、转让。不同性质的企业登记注册时需要提交的资料有所不同，企业应该根据自己选择的企业类型，依照相关要求准备需要提交的材料。

（六）刻章备案

拿到营业执照和刻章证之后到公安指定的刻章机构刻章并备案。企业申请凭《营业执照》到公安局指定的地点刻制企业印章、财务印章等公章。新成立的企业申请刻制印章，须持

《营业执照》原件和复印件一份、法人授权委托书，并附印章样模到公安局指定地点办理。

（七）开设银行基市账户

可以选择公司注册所在地的各个商业银行开立银行基本账户。银行账户是单位为办理结算和申请贷款在银行开立的户头，也是单位委托银行办理信贷、转账结算以及现金收付业务的工具。银行账户分为基本存款账户、一般存款账户、临时存款账户和专业存款账户四类。一般情况下，企业只办理基本存款账户即可。

开立基本存款账户的，需填写开户申请、提供《营业执照》等资料证件，送交盖有存款人印章的印鉴卡片，交由银行审核同意，并凭银行核发的开户许可证，即可开立该账户。

（八）税务备案

办理税务代扣代缴协议，法人、会计、办税员去税务局拍照扫描身份证件。税务局最后核定企业为小规模纳税人或一般纳税人，并办理税务登记备案。

税务登记又称纳税登记，是税务机关根据税法规定，对纳税人的生产经营活动进行登记管理的一项法定制度，也是纳税人依法履行纳税义务的法定手续。

三、新企业的市场进入模式与程序

当创业者看好一个市场或商品领域，选择好企业的组织形式后，他所面临的一个至关重要抉择就是以何种模式、何种路径进入市场。新企业进入市场的模式主要有建立新企业、收购现有企业和特许经营。

（一）通过新建企业模式进入市场

新创企业常选用的企业形式有个人独资企业、合伙企业和有限责任公司。

（二）通过收购企业模式进入市场

收购，是指一家企业通过一定的程序和手段用现金、债券或股票购买另一家企业的股票或资产，以获得对该企业的控制权，该企业的法人地位并不消失。

1. 收购的优点　①能够帮助新企业快速获取被收购企业的市场经营优势；②能够有效降低新企业进入新行业的障碍；③能够减少新企业发展的投资风险和成本，缩短投入产出时间；④能够使新企业实现合理避税。

2. 收购的风险　①经营风险。如果新企业对被收购企业收购后的生产经营没有做好充足的调研和预期，会导致生产经营不利。②多付风险。如果高价格收购，使新企业作为买主难以获得一个满意的投资回报。③财务风险。收购融资制约了作为收购者的新企业为经营而融资的能力和还债的能力。

3. 收购的运作流程　收购公司自身评估→寻找目标公司→聘请中介机构→收购可行性分析→签订收购意向书→审查目标公司→公关谈判签署协议→目标公司审查评价→重组目标公司。

（三）通过特许经营模式进入市场

特许经营是一种合同关系，即特许人和受许人之间的合同关系。受许人的经营是在特许人所有和控制的模式之下进行的。

1. 特许经营的特点　①特许经营的主体可由一个特许人和多个受许人组成。②特许经营的基础是特许人和受许人之间建立在互惠互利基础上的契约关系。③特许权核心是特许人向受许人出售的技术专长、管理经验和经营之道。④特许经营是特许人和受许人通过协议组成的分工合作体系。

2. 新创企业采取特许经营方式的优势 ①作为加盟商的新创企业可以借助特许经营模式"扩印底版"，即可以反复借助特许商的商标、技能、经营模式来扩大规模；可以享受现成的商誉和品牌，避免市场风险，分享规模效益，获取更多的支持。②特许经营使得作为加盟商的新创企业得到一套完善的、严谨的经营体系，其优势在于能准确定位，对目标市场进行精准选择，能围绕目标市场进行营销策略组合。

3. 新创企业采取特许经营方式的劣势 ①正是由于特许本身的制约和限制，使新创企业很难改变这种经营模式来适应市场的、政策的各种变化。另外，由于各个地区消费者的需求不同，特许经营也很难在任何地区都能保持持续的优势。②加盟商的频繁变更会给消费者们带来疑惑，有可能造成特许人、作为现任加盟商的新创企业和以往加盟商之间的责任不清，相互推脱责任的现象。③特许经营只能专注于某一个领域，不可能在各个市场都取得战略性的胜利。

四、新企业的社会责任及担当

一个企业是否强大，是否具有发展的潜力，除了企业经济实力，管理水平，技术力量等多方面的要求以外，还有企业伦理道德方面的要求。企业在为股东赚取更多利润的时候，必须承担应有的社会责任，使企业、市场和社会获得共同繁荣和发展，使企业成为社会良心的维护者。以伦理道德、社会责任为主要内容的企业文化的形成和发展，是一个企业成熟的标志。

（一）企业的社会责任

企业的社会责任又称企业的伦理责任，即企业在追求利润最大化的同时，还应当承担更广泛的社会责任。虽然企业社会责任的理念已经广被接受，但就国际社会而言，还没有一个统一的定义。国际组织认为：企业社会责任是指企业在创造利润、对股东利益负责的同时，还要承担起对企业利益相关者的责任，保护其权益，以获得在经济、社会、环境等多个领域的可持续发展能力。这里的利益相关者是指企业的员工、消费者、供应商、社区和政府等。

企业要可持续经营，仅仅考虑经济因素是远远不够的，必须同时考虑到环境和社会因素，承担起相应的环境责任和社会责任。企业的生存和发展有赖于一定的社会环境，回应社会的要求是企业理性的表现。

（二）我国企业应承担的社会责任

（1）承担明礼诚信确保产品货真价实的责任。

（2）承担科学发展与交纳税款的责任。

（3）承担可持续发展与节约资源的责任。

（4）承担保护环境和维护自然和谐的责任。

（5）承担公共产品与文化建设的责任。

（6）承担扶贫济困和发展慈善事业的责任。

（7）承担保护职工健康和确保职工待遇的责任。

（8）承担发展科技和创自主知识产权的责任。

（三）企业承担社会责任对企业自身发展的意义

1. 有利于塑造良好的企业形象　企业形象是企业对外影响力的综合表现，是社会公众对企业的综合印象，也是企业竞争力的重要内容，因此，企业要获得成功，在作出决策时，必须把承担社会责任作为战略思想的重要组成部分。

2. 有利于增强企业的内聚力　内聚力是企业生存和发展的根本力量，是一个企业核心竞争力的本质所在。企业的内聚力如何，取决于多种因素，但企业能否自觉履行社会责任则是其中非常重要的因素。企业履行社会责任对内最根本的就是必须始终坚持以人为本的管理思想。因此，企业的高层管理者要努力建设先进的企业文化，实行民主管理，必须始终注重保护劳动者的人身安全、身心健康和合法权益。同时，企业还应积极参加社会活动，自觉履行社会责任，这对吸引员工和投资者也非常重要。

3. 有利于社会的可持续发展　建立可持续发展的社会，是利在当代、功在千秋的伟大事业，也是全人类共同奋斗的目标，企业在建设可持续发展社会中责无旁贷。企业作为自然资源的主要消费者，应当自觉承担起主动节约、科学利用和自觉保护自然资源的责任。环境道德应该成为企业承担社会责任的核心内容，这既是企业利益所在，更是建立可持续发展社会的必然要求。拥有良好社会形象和信誉的企业将在社会发展中发挥带头和示范作用，从而促进社会的可持续发展。

（四）新企业对社会责任的担当

新创企业可从以下几个方面着手，来承担和提升企业社会责任的意识和能力。

（1）制定实施体现企业社会责任的竞争战略。

（2）把企业社会责任建设融入企业文化建设中。

（3）把企业社会责任的理念付诸实实在在的行动。

必备的实践能力——实训环节

企业登记注册是创业者着手创办企业的必经之路。企业通过登记注册，成为合法经营的主体，不仅有利于企业经营的正规化、合法化，同时便于企业的融资和信贷，以及对品牌的打造。

案例

Meet Coffee 的连锁梦

"在这里遇到一杯好的咖啡，遇到一个对的人"，本学期伊始，高举文艺旗号的 Meet Coffee 在五邑大学蹿红。Meet Coffee 的经营者是来自五邑大学管理学院大三和信息学院大二的三名大学生。此前他们都通过兼职赚了一些钱，便萌生了共同创业的念头。为此，三人还特意去广州大学城考察了市场，最终综合考虑人流量和客户需求，决定在西南校区宿舍楼下开一间以"舒适"为主题的咖啡店，于是 Meet Coffee 诞生了。生意越做越好，他们决定申请注册一家公司，将来把咖啡连锁店开遍广东的所有大学，把品牌做强做大。

请结合 Meet Coffee 创业团队的目标，在公司注册方面给一些合理化建议，并帮助指导他们完成公司的登记注册。

（一）实训项目

企业登记注册。

（二）实训目的

通过模拟企业登记注册，训练学生掌握企业登记注册的基本流程。

1. 能够撰写标准的公司章程，按流程完成企业营业执照的申领，按流程完成企业印章刻制。

2. 掌握按流程进行企业税务登记备案；注资与企业银行开户的流程。

（三）实训要求及任务

1. 以 4~6 人为一组，可沿用之前的创业团队模式，也可组成新的创业团队共同完成企业的登记注册工作。

2. 按每组选择建议的企业类型，制定企业注册方案，包括注册流程、每个流程需要筹备的材料、办理主管部门、注意事项等，形成一份《××企业注册方案》，交由教师指导、审核。

3. 针对每个注册流程，拟定一份材料清单，并按材料清单准备相应的材料，形成一份《××企业注册材料汇编》，交由教师，作为成绩评定的重要依据。

（四）实训地点

不限。可以根据教学时间的实际情况，安排在课堂或在学校指定的网络教学平台。

（五）评价与考核

由教师针对学生筹备中的表现和提交的《××企业注册方案》及《××企业注册材料汇编》进行评估打分。

≡ 拓展阅读

万科"捐款门"事件

四川汶川地震当天，万科宣布捐款 200 万元。200 万的善款不足其上一年度净利润的万分之四，万科因此被批为"捐款数额与收入不符"，万科和王石站在了舆论的风口浪尖上，几乎成为众矢之的，面对声声质疑，他们被动步步回应。先是王石公开道歉；接着万科先后发出"补捐"公告与声明，称净支出一亿元参与四川地震灾区的临时安置、灾后恢复与重建等纯公益性质工作；后又召开临时股东大会，会议表决通过此前捐款 1 亿元的董事会决议。至此，轰动一时的捐款门事件基本告一段落。王石在中国地产界曾享有很高声誉，有"好公民"之称，他领导的万科连续多年被评为"中国最佳企业公民"。然而，因为给地震灾区捐款事件，王石和万科完全处在被动境地。

❓ 思考题

1. 新企业的注册流程是怎样的？

2. 企业承担社会责任对自身发展有什么意义？

3. 新企业如何更好地承担社会责任？

任务三 成就"三创"人生

✎ 名人语录

眼前不赚钱的，并不代表永远没有钱赚。没有淡季的市场，只有淡季的思想。

——董明珠

扫码"学一学"

☞ 案例讨论

案例：马云当年误打误撞进入了互联网行业，跟他的工作理念密切相关。阿里巴巴在刚创办时，马云就对自己的员工信誓旦旦地讲道："我坚信我们会成为世界上最大的电子商务公司，要进入全球网站排名的前十位，让天下没有难做的生意。"马云的工作理念就是不断变化、不断创新，最终创造财富。的确，马云带领阿里巴巴一路在不断地大胆前进。成立中国供应商、推出诚信通、成立淘宝、成立支付宝、收购雅虎中国、分拆业务、筹备上市，几乎没有停歇，阿里巴巴员工也从最初的 18 人发展到如今的几千人。在阿里巴巴内部，马云是不允许员工懒惰和思想陈旧不思进取的。变是不需要理由的，他要榨干的就是员工的全部创造性。

问题：马云为什么要不断地变化，不断创新？

必备的理论知识——理论环节

一、"三创"

（一）"双创"

"大众创业，万众创新"，简称"双创"。在 2014 年 9 月的夏季达沃斯论坛上，李克强总理首次在公开场合发出"大众创业、万众创新"的号召。当时李克强总理提出：要在 960 万平方公里土地上掀起"大众创业""草根创业"的新浪潮，形成"万众创新""人人创新"的新势态。此后，李克强总理在首届世界互联网大会、国务院常务会议和各种场合中都多次阐释这一关键词。

2015 年李克强总理在政府工作报告又一次提出"大众创业，万众创新"。政府工作报告中指出：推动"大众创业、万众创新"，"既可以扩大就业、增加居民收入，又有利于促进社会纵向流动和公平正义"。在论及创业创新文化时，强调"让人们在创造财富的过程中，更好地实现精神追求和自身价值"。

（二）由"双创"到"三创"的转变

2017 年 3 月 5 日，李克强总理代表国务院在十二届全国人大五次会议上作《政府工作报告》，报告指出："要加快完善产权保护制度，依法保障各种所有制经济组织和公民财产权，激励人们创业创新创富，激发和保护企业家精神，使企业家安心经营、放心投资。"可以看出，除了"创新""创业"，新增了"创富"一词，"双创"变为"三创"，即"创新、创业、创富"。中国，迎来了创富的新时代。

二、创富

（一）创富是对市场主体的激励

告别耻于言利的时代，政府鼓励市场主体积极创业创新创富，是社会和时代的巨大进步。对企业和创业者来说，要读出"创富"的激励含义，更要读懂背后的价值和期待。只有企业发展服务于区域经济发展、行业发展和国家战略，实现可持续发展，激发源源不断的新动力，才能真正实现"创富"的目标。可见，"创新"仍然是核心价值驱动。

（二）创富是收入的合理分配

在社会分配层面，"创富"讲究收入合理公平分配，让拥有技术的双创人员能根据贡献得到相应回报，有更加均等的机会去创造价值。

（三）创富是共享发展

创富，不是狭隘的创业者将创意变现的"小富"，更是带动经济转型升级、推动社会进步、提高生活品质、藏富于民、普惠民生的"大富"。创富旨在调动广大民众的积极性，号召更多人参与创富和共享的过程。唯有如此，创业创新才能奔腾不息，每个人才能平等共享实现梦想、分享发展成果的机会。

三、创新、创业促创富

（一）创富依靠的是创业创新

创富要走向大众化，必须通过新的制度供给。政府要简政放权，为创业创新提供平台和政策，为创业创新提供更好服务，进一步营造有利于创业创新的氛围。用众筹、众包等方式，使原来的精英团队"裂变"为许多新主体，从而瞄准不断升级的大众需求，按照需求导向来开发市场。最终实现小企业铺天盖地，大企业顶天立地，市场活力和社会创造力竞相迸发的发展局面。

（二）创富是创业创新水到渠成的结果

创业创新，不仅需要"金点子"，也要有适合"金点子"生根发芽的土壤，才能结出"金苹果"。创业创新的重点是要找到有效的渠道，把创新、创业的行动转为创收、创富的成果；把创新的点子、虚拟的财富变成现实的财富。

未来的中国经济增长，需要依靠改革创新红利的持续释放。中国的人口红利已经逐渐消失，而基于巨大的人口基数，另一个红利正在崛起。以全民创业创新激发"创造力红利"，以卓有成效的创富形成良性循环，就能为经济转型升级驱动强劲的新引擎。

（三）大众创业、万众创新，才能实现创富共享

创业创新只有真正调动起广大民众的积极性，并提供现实平台和政策，创富才能变为现实，才能让更多人共享创富。也唯有如此，创业创新才能得以奔腾不息。一个人创业创新，可以搅动起创业生态的浪花，全社会创业创新，才会形成波澜壮阔的场景。通过创新创业，企业满足了市场需求，促进了经济发展，带动了就业，创造了社会财富，为每个人实现梦想提供了平等的机会，促进了公平正义。

"三创"，在创业创新之外再加上创富，就是以技术创新、商业模式创新、市场创新等为主要内容的创新机制；以创办新企业、催生新产业、激发新动力为取向的创业机制；完善金融市场、投资市场，引导财富进入创业创新领域，进而创造经济增量的创富机制。而三大机制的完备，也恰恰构成国家涵养创新生态所必需的三个步骤。

政府工作报告继"双创"之后加上"创富"，确实是一种指向，就是创业创新最后还要落脚于创富，但并不意味着创业创新的出发点就是创富。创业者以"创富"为目标无可厚非，然而，最终成功的创业团队，其实无一例外都是源于对自己所从事行业的热爱。创造财富是事业成功带来的附属品，单纯地为创富进行创业，很容易因为目标不清晰，而最终导致创业失败。

四、创新创业创富的新法宝

未来的创新、创业、创富具有六个新的法宝。

（一）不断探寻下一轮的创富机会

我国改革开放之初，投机倒把就能发财。现在由于购物平台的出现，很多人去网购了，2018年"双十一"交易额达2135亿元。这意味着你要不改变，你的创富方式就要被时代淘汰。

（二）不断设计新型的商业模式

某种意义上，企业和企业之间，创业者与创业者之间的竞争就是商业模式的竞争。中央推进供给侧结构性改革，最大的目的是释放人的需求端。

（三）不断组建新型的产业联盟

传统的观念是小企业给大企业配套，现在的产业联盟则是创新者跟创新者的关联，然后形成一个新的产业，如大数据产业联盟、网络产业联盟、汽车产业联盟、现代服务业产业联盟、创新创业产业联盟等层出不穷。

（四）不断创新金融工具

一个人处在现代社会，最重要的一点就是认知现代金融体系，要学会通过货币、金融与整个社会进行关联、进行融合。英国有一个公民手册，手册上有句名言："货币是你跟社会进行交换的媒介和融入社会的金钥匙"。

（五）要素的全球配置

在互联网时代，不少产业都是设计出来的。工业设计是产业转型升级的一个重要手段，它可以通过整合资源，很好地融入全球产业链，超越国界的限制。比如松下公司，基本上是在世界各地进行生产、销售、布局，而且每一个零件的生产地也不同。

（六）透明高效的治理架构

无论是政府、公司还是创新团队，治理架构一定要透明、高效、共享。总之，当今世界发展呈现新格局，用一句话总结就是：群鱼吃大鱼，快鱼吃慢鱼，创新者为王。

必备的实践能力——实训环节

对于很多人来讲，"不创业是等死，创业是找死"。确实，很多人在创业初期的探索中，面临着很多的压力、挑战、困惑和风险。然而有一部分人不仅能够通过将"点子"化为产品或服务，更是获得了丰厚的收益，甚至得到上亿元投资。请阅读下列材料并完成相应的训练任务。

📖案例

南京小伙向老外"零售知识"

南京小伙黄鹏通过网络向外国企业及个人提供远程服务，开辟出一片财富天空。他把自己的商业模式叫做"向外国人零售知识"。

2007年，从美国南加州大学硕士毕业的黄鹏回国创业。他发现国外的公司人力成本很高，很多办公室的杂活已开始向发展中国家转包，但转包的大多数是大公司，而很多欧美的小企业也想降低人力成本。于是，他创建了一个专为国外中小企业服务的网站，订单大到软件设计、网站设计维护、CAD图纸设计、财务、销售等数据分析，小到电话订房订车。现在，黄鹏的客户已有1万多个，接的单子大都是上万美元的。

问题： 1. 通过黄鹏创业成功的经历，你获得了什么启示？

2. 你认为"创新、创业、创富"之间的关系是什么？

3. 对于初创者来说"创新、创业、创富"哪个更重要？

（一）实训项目

"三创"辩论赛。

（二）实训目的

通过辩论赛的赛前资料收集甄选，赛中的思辨拓展交流，赛后的总结提炼，加深对"三创"的理解和认识，营造关注"创新、创业、创富"的创业氛围，从而更好地指导和带动未来的创业实践。

（三）参考辩题

对于初创者来说"创新、创业、创富"哪个更重要？

（四）实训要求

1. 以4~6人为一组，由抽签决定进行对决的组别。

2. 可选用参考辩题，也可自拟辩题，提前1周确定辩题和观点，以此为依据进行赛前的准备。

3. 辩论赛前提交赛前准备资料，作为赛前评分的主要依据。

4. 每组选派 4 名选手，进行现场辩论。

5. 教师和非辩论组作为评委，对辩论两组分别打分。

（五）实训地点

课堂现场。

（六）评价与考核

最终成绩由赛前准备和现场比赛两部分组成，各占 50%。其中赛前成绩由教师打分；现场比赛成绩由教师评审（50%）和学生评审（50%）按比例折算。

拓展阅读

创业要从商业层面思考问题

在合创资本董事长丁明峰看来，高科技人才之所以选择创业，原因有二。

首先，推进大众创业、万众创新，是培育和催生经济社会发展新动力的必然选择。当前我国经济正处在转型升级的关键时期，对新技术、新工艺的需求非常大，良好的市场需求成为驱动高科技人才投身创新创业的原动力。

其次，近年来，中央和各级地方政府加快实施创新驱动发展战略，不断完善相关法律法规，加快出台相关扶持政策和激励措施，营造了良好的创新创业环境。同时，各级政府进一步简政放权、放管结合、优化服务，不断出台有利于创业创新的相关政策措施，充分发挥市场在资源配置中的决定性作用，放宽政策、放开市场、放活主体，形成有利于创新创业的良好氛围，极大地激发了"海归"等高科技人才创新创业的积极性。

许多中央"千人计划"专家和"海归"人才在海外大都从事基础研究和产品开发，与商业联络不紧密，这是创业的最大痛点。"可以说，高科技人才创业，谁能站到商业层面思考问题，谁就成功得快。"丁明峰表示。

丁明峰表示，从创业视点来说，创业首先是一门生意。做过"生意"的人，创业的成功率往往会比较高。因为，重视商业模式的企业，生存能力往往很强，而高大上"不接地气"的企业反而不一定会有很好的发展前景。圆梦还需脚踏实地，就创业角度而言，高科技人才要想创业成功就必须跨过"商业门槛"，因为商业模式做得好，创业成功的可能性就越大，创富的概率也就越大。

思考题

1. 如何看待"创新、创业、创富"之间的关系？

2. 创新创业如何能更好地促进创富？

3. 作为大学生，该如何打造自己的"三创"人生？

扫码"练一练"

（林宇红）

项目七 学会管理企业

知识目标

1. **掌握** 创业沙盘模拟课程的含义、特点和价值。
2. **熟悉** 沙盘课程的教具。
3. **了解** 创业沙盘模拟的规则。

能力目标

1. 学会预测人力资源需求的方法，能够列出相应的人力资源计划；新员工的选拔招聘办法，熟悉劳动关系的管理过程。
2. 具备基本的成本管理能力和风险管理能力。

任务一 创业沙盘模拟

名人语录

故画竹，必先得成竹于胸中。

——苏轼

扫码"学一学"

案例讨论

案例： 合肥"美客美食"饮料食品销售公司是大学生创业项目，主营产品为休闲类小食品和饮料，自动售货－回收一体机采取租赁形式获得，第一年共租赁一体机三台套，第二年增加一台套。开业第一年底，公司营业收入95000多元，营业成本及相关费用共计72000多元，净利润23000元左右。但随着大四毕业，同学们精力分散，公司经营状况下降，第二年10月份公司共盈利近35000元。两年多时间人均盈利不到7000元。期间个别同学因精力分散导致成绩下降，创业团队成员毕业走上社会后，价值观存在明显差异，摩擦不断，公司最终不得不于第二年11月份注销。

（沈博文，朱云娟：《初始创业项目选择与实施案例研究——以合肥"美客美食"公司为例》，财贸研究）

问题： 从"美客美食"的创业过程中，你学到哪些经营管理方面的教训？

必备的理论知识——理论环节

创业是一条充满挑战的道路。每一位准备创业的大学生都要面对的问题，就是如何管理经营好一家企业。学习创业沙盘模拟课程，感悟企业经营管理的规律，掌握必备的企业管理知识，是解决这一问题的第一步。

一、认识沙盘课程

尽管沙盘课程不能完全模拟真实的创业环境，但它仍然是创业经营管理的一次关键演练。在创业沙盘课程中，同学们可以了解到企业经营活动的系列流程，熟悉一定的经营管理规律，甚至能感受到企业竞争的残酷性，体悟人生的酸甜苦辣。

（一）沙盘课程的含义

沙盘原本是军事作战活动的地形模拟盘。即由一定的比例尺、用泥沙、石块、旗帜等实物材料堆积而成的一个缩小版的立体地形图。它可以视作现实环境的模拟微缩版，如影视资料上的作战沙盘、楼盘销售处的地产沙盘。通过沙盘模拟，人们可以非常直观地审视目标环境。尽管无法替代实地考察的意义，但在模拟程度相当高的情况下，人们甚至可以在沙盘中获得比现实环境中更广阔的视野。

所谓沙盘课程，即企业资源计划（Enterprise Resource Planning，简称 ERP）沙盘模拟课程，是指把实物沙盘和企业经营管理理念相结合，模拟真实企业的生产经营活动的实训课程。1978 年，瑞典皇家工学院的 Klas Mellan 开发出了 ERP 沙盘模拟课程，此后 ERP 沙盘模拟课程逐渐风靡全球。全球的各大商学院、知名企业都会利用沙盘课程，培训学生或员工们的企业经营管理能力。20 世纪 90 年代，我国开始引入企业经营沙盘模拟课程，越来越多的高等院校将其纳入 MBA、EMBA 及企业中高层管理培训中。21 世纪以来，随着高等职业教育的发展，我国的多数高职院校把沙盘课程视为创业教育的关键环节，并已将其列入学生的培养计划之内。

在创业沙盘模拟课程中，根据沙盘的规则，把参与人分成 6~8 个小组，每个小组由 5 名成员组成。各个小组分别模拟一家企业，每一家企业彼此形成竞争关系。每一个小组成员都可以成为自己所在企业的管理人员，即扮演以下五个角色：总经理（CEO）、财务经理（CFO）、营销经理（CMO）、生产经理（COO）、采购经理（CPO）。当然，根据分组的情况，也可以在以上岗位之下增加一定数量的助手，或者增设其他管理岗位。小组成员通过自荐、竞选等方式决定角色，各司其职，共同完成企业经营的战略计划、资金筹集、市场营销、生产研发、物资采购等环节，做好分析市场、制定战略、营销策划、组织生产、物流管理、财务管理等企业经营管理活动。在创业沙盘模拟中，参与成员可以亲自参与企业的成本控制、风险防范等管理过程，初步感受企业经营管理的规律，学会管理企业。

（二）沙盘课程的特点

沙盘课程属于一种体验型教学方式，在创业沙盘课程模拟中，参与成员可以直接体验企业经营的得失成败，获得企业管理经营的感性认知。沙盘课程的实战性特别强，需要参与者积极对待，越投入，越能够体会它的重要意义。反之，如果消极对待，课程效果将会大打折扣。企业经营沙盘模拟课程，具有以下 3 个特点。

1. 生动趣味性　在传统的课程里，即便是教学经验丰富的老师，也只能在有限的范围内提升课堂的趣味性。在创业实训模拟中，参与成员都会变得活跃，并亲身参与模拟企业的整个经营管理过程。

2. 接近实战性　企业经营沙盘模拟课程能够模拟企业生产经营管理过程，在真实的流程、残酷的竞争中，进入角色的成员，可对企业经营管理活动产生深刻的认识。

3. 团队合作性　在进行企业经营沙盘模拟对抗时，为了团队的目标，每位组员都需要履行好自己的职责，发挥自己的作用，做好沟通协调工作，共同做好企业生产经营管理的各个环节，体会团队合作的重要性。

（三）沙盘课程的价值

企业经营沙盘模拟课程固然不能够完全模拟真实的情况，但其现实价值却不容忽视。如果说创业就像打仗，那么其对应的沙盘课程就是战争实战演习。消极对待实战演习，否定它的意义，则会埋下战败的隐患。

作为一种主动性很强的体验式教学，企业经营沙盘模拟课程做到了理论联系实践。它全方位地模拟了企业生产经营的过程，有利于培养以下五大管理技能。

1. 战略管理　即对市场、产品、成本、盈利等方面进行全局规划，分析、制定出有效的企业经营战略目标。

2. 财务管理　财务管理事关企业的生死存亡，资金链断裂是多数创业活动失败的主要原因。在沙盘模拟课程中，财务经理需要为各个部门准备好足够的资金，防范资金链断裂的风险。

3. 营销管理　市场营销的本质，就是出售自己的产品，获得利润。而消费者选择产品的标准，当然是看产品能否满足他们的需求。所以必须做好市场分析，根据市场的情况制定营销计划。解决市场需求量分析、竞争对手的分析等系列营销管理问题，有助于提升同学们的营销管理能力。

4. 生产管理　产品是企业盈利的关键所在，生产管理常常是企业发展的瓶颈。在市场需求巨大，自身的生产能力不足时，只能将其余利润拱手相让于其他企业。在沙盘课程中，需要解决生产能力、生产质量等生产管理的核心问题，提升生产管理能力。

5. 物流管理　即包括了采购、验收、仓储等物流管理活动。物流管理的问题包括制定采购计划、签订采购合同、验收货物、进仓存储等。

除了知识向技能的转化，沙盘模拟课程还有助于技能向素质的转化，主要可以培养以下三种优良的创业素质。

1. 共赢思维　竞争是市场经济的基本特征，但竞争并非纯粹的敌对行为。在沙盘课程中，各个企业都有共赢的利益基础，有合作的可能性。尊重共同的利益基础，积极寻求合作，反对不正当竞争，是共赢思维的核心。

2. 团队精神　沙盘课程中，组建一个成员紧密配合的团队并不容易。由于生活经历、价值判断的差异，成员之间难免有分歧。怎样解决分歧，凝聚团队力量，这必然需要弘扬团队精神，培养这一宝贵的创业素质。

3. 责任意识　分工明确的团队中，其中一个环节的错误能影响到整个团队。因此，每一位成员必须发扬责任意识，履行自己的职责。如果自己确实无法胜任当下的岗位时，应及时交给更适合的人担任。

（四）沙盘课程的道具

创业经营沙盘模拟课程所用的沙盘，一般而言，可分为物理沙盘（board-based simulation）和电子沙盘（software simulation）两种类型。物理沙盘即棋盘类沙盘，指的是包括沙盘平面图与筹码等物件的教具；电子沙盘即软件模拟类沙盘，指的是可以模拟企业经营的一套应用软件程序。本书所用的教具为物理沙盘教具。

作为一套经营模拟系统，创业沙盘有着特定的道具。为了满足教学需要，方便沙盘的推演，本书所涉及的沙盘道具已有所简化，其清单如表7-1所示。

表7-1 物理沙盘道具清单

序号	教具	教具说明	数量
1	沙盘平面图	代表企业，在图中需要划分各个部门的位置	1张
2	厂房	大厂房、小厂房	各1个
3	原材料	用R1、R2、R3、R4表示四种原材料	各50块
4	生产线	自动、半自动	各10条
5	产品	用P1、P2、P3、P4表示四种类型的产品	各10块
6	研发	P1、P2、P3、P4四种产品的研发和生产资格	各1块
7	货币	用10M、5M、2M、1M表示四种货币	各50个
8	认证	ISO9000、ISO1400认证标志	各1块
9	市场	代表市场的销售资格	各1块
10	订单	表示企业获得市场订单	若干

二、熟悉沙盘规则

企业管理是收获与挑战并行的活动，管理经营的好坏直接影响到创业的成败。前面已经介绍沙盘课程的基本情况，现在介绍创业沙盘模拟规则，为创业沙盘模拟对抗实战作准备。

（一）团队组建规则

即组建一个五人的团队，每个团队模拟一家企业。团队成员分别担任总经理（CEO）、财务经理（CFO）、营销经理（CMO）、生产经理（COO）、采购经理（CPO）等五个职位。这五个职位所对应的职责，如表7-2所示。

表7-2 五个职位所对应的职责

职位	职责
总经理	评估内部资源与外部环境，制定长、中、短期策略；预测市场趋势、调整既定战略
财务经理	制定投资计划；预估长、短期资金需求，寻求资金来源；妥善控制成本，预防资金短缺；编制财务报表、结算投资报酬、评估决策效益
营销经理	市场开发决策；新产品开发、产品组合与市场定位决策；进行竞标，拿下合适的订单；分析同行状况，抢占并维护市场地位、必要时作出退出市场的决策
生产经理	购买或租赁厂房、生产线；设备更新与生产线改良；全盘生产流程调度决策，匹配市场需求、交货期和数量及设备产能；库存管理及产销配合
采购经理	制定采购计划，下原料采购单，进行仓储管理

（二）资金筹措规则

创业沙盘的资金筹措规则，如表 7-3 所示。

表 7-3 资金筹措规则

筹措方式	进行时间	设置额度	年息	还款方式
长期贷款	每年年初	上一年度权益总计的 2 倍	10%	年初付利息，到期还本金
短期贷款	每季度初	上一年度权益总计的 2 倍	5%	到期一次偿还本息
高利贷	任何时间	由教学老师确定	20%	到期一次偿还本息
资金贴现	任何时间	依据应收款额确定	1∶6	变现时贴息

资金筹措规则的情况说明如下。

1. 贷款时间 长期贷款每年只有年初的一次贷款机会，短期贷款每年有四次贷款机会。

2. 贷款额度 上一年权益前 50%者，才有短期贷款资格；贷款的最低受信权益为 5M，上一年权益低于 5M 的公司，不能申请任何长期贷款或短期贷款。

3. 还款规则 长期贷款最多可贷 5 年，每年年初支付利息，到期还完本金后，如果还有贷款额度，才允许重新申请贷款；短期贷款到期必须一次性偿还本息；若提前使用应收款，应按 1∶6 的比例收取贴息；只要有足够的应收账款，可以随时贴现。

（三）厂房投资规则

厂房的买入、租赁、出售及其生产线容量规则，如表 7-4 所示。

表 7-4 厂房的买入、租赁、出售及其生产线容量

厂房	买入价格	每年租金	售出价格	生产线容量
大厂房	40M	5M	40M	6 条
小厂房	20M	3M	20M	3 条

厂房投资规则的情况说明如下。

1. 厂房购买 在每年的规定时间内进行，购买时必须支付足额的现金；当厂房内有生产线时，如果已经购买厂房，则不需要缴纳租金；否则，需要按期缴纳租金。

2. 厂房租赁 对于租赁者而言，只要厂房中有生产线，到缴纳租金的环节，必须支付租金；反之，如果厂房中没有生产线，则不用缴纳租金。

3. 厂房出售 在每个季度规定的时间进行，前提是自有厂房内没有生产线；厂房出售后，由交易处收回厂房，并将现金发给出售者。

4. 厂房的生产线容量 厂房的生产线容量是固定的，不允许超容量的情况。

（四）生产线投资规则

生产线的购置、安装、生产、维修和残值，如表 7-5 所示。

表 7-5 生产线购置、安装、生产、维修和残值

生产线	购置价格	生产周期	维修价格	残值
自动线	15M	1Q	3M	6M
半自动线	8M	2Q	2M	2M

生产线投资规则的情况说明如下。

1. 购置生产线　各模拟企业禁止相互购买生产线，只允许向教师购买；生产线无安装周期，购买后当即可以投入使用。

2. 生产线生产周期　每一条生产线一定时间内只能生产一种产品；如果需要生产别的产品，则需要转产，转产必须等到生产线留空才能进行。生产线无转产周期，转产后马上进行另一种产品的生产。

3. 维修费　已购买的生产线，不论生产线上是否有产品，都必须缴纳维护费；已出售的生产线不产生维修费。

4. 出售生产线　出售生产线只能取得对应的残值，残值以现金的形式发给出售者。

（五）原料采购规则

原材料的种类、单价和订单提前期，如表7－6所示。

表7－6　原材料的类型、单价和订单提前期

原材料种类	R1	R2	R3	R4
材料单价	1M	1M	1M	1M
提前期	1Q	1Q	2Q	2Q

原料采购规则的情况说明如下。

1. 订单购买　下原料采购订单时，必须到交易处登记；下订单后的原材料，提前期结束时必须进行采购入库，并支付现金。

2. 提前期　即采购原材料时，原料订单和采购入库这两个步骤之间的时间差。

（六）ISO 认证规则

ISO 认证规则（表7－7）的情况说明如下：只有通过 ISO 认证，才有资格参加相应的订单会议。ISO 认证每年最多投资 1 次，每次 1M。认证投资可以中断，但不允许超前投资。完成认证投资后，该企业生产的任何产品将同时得到 ISO 认证资格。

表7－7　ISO 认证规则

认证类型	每年投资金额	完成认证投资额	最小认证年限
ISO9000	1M	2M	2 年
ISO1400	1M	3M	3 年

（七）产品研发规则

产品的研发费用、周期、加工单价、构成和直接成本，如表7－8所示。

表7－8　产品的研发费用、周期、加工单价、构成和直接成本

产品	每季研发费用	研发周期	加工单价	原料构成	直接成本
P1	无	无	1M	R1	2M
P2	1M	2Q	1M	R2 + R3	3M
P3	1M	3Q	2M	2R2 + R3	4M
P4	2M	4Q	2M	R2 + R3 + 2R4	5M

产品研发规则的情况说明如下。

1. 产品研发的目的和费用　产品研发的目的是获得某种产品的生产许可证，以便生产该产品。P1 产品默认已有生产许可证，不需要研发费用；P2、P3、P4 产品都需要研发后，才能获得生产许可；P2、P3、P4 产品的研发过程都是独立的，想获得某种产品的生产资格，必须对其投入足够的研发费用。

2. 产品研发的过程　除 P1 外，产品研发都具有一定的周期，需要分期投入研发费用；可同时研发各种产品；随时可以中断或停止产品的研发。

3. 产品的成本　产品的直接成本由原料成本和加工成本组成。

（八）市场开发规则

市场开发的投资额度、周期和总额，如表 7 – 9 所示。

表 7 – 9　市场开发的投资额度、投资周期和投资总额

市场	每年投资额度	投资周期	投资总额
本地市场	无	无	无
区域市场	1M	1 年	1M
国内市场	1M	2 年	2M
国际市场	1M	4 年	4M

市场开发规则的情况说明如下。

1. 本地市场　本地市场可直接获得，无投资周期，不产生投资费用。

2. 其他市场投资　每一个市场每年最多投入 1M；允许中断或终止，不允许超前投资；投资完成后，获取相应市场的准入证，只有拿到准入证才能参加相应市场的订货会。

（九）市场订单规则

如表 7 – 10 所示。

表 7 – 10　市场订单规则

主要规则	内容说明
市场预测	由权威机构发布市场预测。它基本体现了市场需求数据，各企业应该认真分析市场预测，安排自己的经营活动
投入广告	只有投入广告费，才能获得订单机会，一次机会只允许取得一张订单。广告费首次费用为 1M，之后每次为 2M
选单流程	按照本地、区域、国内、国际市场的顺序依次召开订货会，并依次依照 P1、P2、P3 和 P4 的顺序进行选单；同一年份里，已经结束选单的市场或产品，不再进行选单；优先选单的有上一年度本市场销售排名第一的企业、在本市场或本产品上投放的广告费较大者、同等情况下订单总额较大者；每轮选单只能选择一张订单，且不可更改，但可以放弃进行选单
订单违约	订单应如约在本年度内完成，否则按下列条款加以处罚：在本年度关账前，违约者要缴纳订单销售总额 20% 的违约金，并收回订单；订单违约的企业，其市场地位下降一级

其他规则还有：①税费规则。公司所得税率为 25%，所得税按照计算数字向下取整金额缴纳。②破产规则。破产规则适用于经营过程中资金链或年度内资不抵债的企业。破产企业的所有资产不得转让。

必备的实践能力——实训环节

ERP 软件确实可以为企业管理解决不少问题。但对于没有企业管理经历的人来讲，ERP 就是一个未知的、神秘的，且有一定难度系数的存在。试用一款软件，让学生在做中学，是让 ERP 摘下神秘面纱，让大学生走近 ERP，体验 ERP 高效的最有效的途径。

（一）实训项目

试用一款 ERP 软件（以智邦国际 ERP 为例，也可以是小组自选的软件）。

（二）实训目的

1. 熟悉一款 ERP 软件功能架构及操作流程。

2. 了解创业团队在创业、企业管理方面存在的短板。

3. 进一步认识 ERP 系统在规范现代企业管理、提高企业管理效率的作用。

4. 运用信息技术，增强学习能力，提高学习效果。

（三）实训任务

1. 用手机登录"智邦国际 ERP"官网，进入"产品中心"，了解 ERP 系列的四个产品。

2. 选择进入其中一个产品，熟悉并了解该产品的功能架构。

3. 进入"解决方案—按业务—销售管理解决方案"，熟悉并了解该方案的架构。

4. 进入"体验中心—免费试用"。

5. 撰写《××ERP 软件试用报告》，整理痕迹化线上实训材料，以小组为单位发老师邮箱。

（四）实训要求

1. 全班按每组 4 人分成若干组。以小组为单位完成实训任务。

2. 痕迹化线上实训过程。即各小组进入网页、浏览内容、咨询、试用产品等线上过程必须截屏、拍照（组员进画面），并将截屏材料打包，文件命名为"痕迹化材料"。

3. 试用报告需包括下列内容：①前言，简单介绍所选用的 ERP 软件产品；②简单交代小组成员的分工及运行过程；③重点介绍试用产品类型、试用体验及收获。这一部分需重点介绍在试验产品的过程中遇到的痛点以及解决痛点的手段、方式方法；④对开展该类实训课的建议。

4. 试用报告及痕迹化材料均交给老师，作为评价小组实训成绩的依据。

（五）评价与考核

1. 教师根据各小组交来的报告及痕迹化材料，对各小组的实训任务完成情况进行评价，并分别按 70%、30% 的比值给出成绩评定。

2. 教师将优秀作品上传至班级 qq 群，便于学生进一步交流讨论。

拓展阅读

企业经营沙盘模拟课程的教学盲点

企业经营沙盘模拟课程，翻转了老师灌输企业经营管理的知识，学生则被动地接收知识的传统教学方式。它能够帮助同学们深刻理解企业经营管理的理论，实现从知识向技能的转化，技能向素质的转化。但是，在实际教学中，限于教学设计和安排，教师们往往只在于讲解沙盘模拟规则，主持沙盘推演进程，难以插入与之相关的企业经营管理真实案例，这导致了理论与实践的部分脱节。这是目前企业经营沙盘课程的一大盲点。

任务二　人财风控管理

名人语录

如果存在着两种选择，并且其中一种选择会导致一场灾难，那么必定会有人作出这种选择。

——爱德华·墨菲

案例讨论

案例：2008年，三鹿奶粉因"三聚氰胺"事件后已成"负影响力"品牌。2009年，某浙商以730万的低价拍下"三鹿"品牌。2013年，"三鹿"牌重出江湖，推出有机粗粮面。尽管浙商有意识地回避了三鹿的奶粉产品，重新研发新的产品，试图利用三鹿的品牌影响力进行销售，并且以高出同等质量产品很多的价格出售，获取高额溢价，结果却事与愿违。2014年，由于"三鹿牌"有机粗粮面严重滞销，被迫停产。经营者非但没有获利，反而因此债务缠身。是呀，当"'三鹿'是有毒的"变成消费者条件反射式的想法，谁还会购买"三鹿"产品呢？看来冒险买下"负影响力"品牌，并非明智之举。

问题：为什么说冒险买下"三鹿"品牌，并非明智之举？

必备的理论知识——理论环节

通过创业沙盘模拟实战，能够利于培养一定的企业经营管理能力。不过，创业并没有那么简单，企业管理活动是非常复杂的，必须系统地学习管理企业的基础知识，具备基本的管理理论素养。作为一个创业者，至少需要熟悉管理企业的四个方面：预测人力资源需求并列出计划、新员工的选拔招聘与劳动关系管理、成本管理、风险管理。

一、预测人力资源需求并列出计划

人力资源需求计划，即根据企业的现状和发展规划，在企业未来人力资源净需求量的

扫码"学一学"

基础上，对职务编制、人员配置、招聘、培训、政策调整、费用预算等内容作出相应计划的人力资源管理过程。

即便是在企业管理比较粗放的创业初期，也需要合理的人员配备。合理的人力资源配置，能够帮助企业正常开展业务、逐步打开市场，从而走向正轨，实现盈利。为了合理配置人力资源，有必要对人力资源需求作出科学预测，并列出相应的计划。

（一）人力资源需求预测的类型

按时间划分，可分为三种类型。

1. 短期人力资源需求预测 即主要针对下一年度企业的人力资源配置情况进行预测。

2. 中期人力资源需求预测 即预测企业 1~5 年内的人力资源需求。

3. 长期人力资源需求预测 即预测企业今后 5 年以上的人力资源需求。

（二）预测人力资源需求的准备

这一阶段的主要任务就是搜集所需的信息。人力资源需求受多方面因素的影响，预测时应充分考虑多种因素，以便于对企业所需的人力资源的数量、质量和配备的时间作出预测。具体而言，可从企业的内部和外部，分别搜集所需信息。

1. 就企业内部而言 需要弄清楚人力资源现状和企业经营现状、企业未来的战略规划等问题。充分考虑现有员工的数量、质量和工作状况，员工流动（如辞职、终止合同等）的可能性，自然减员（如退休、死亡等）的情况等。

2. 就企业外部而言 熟悉最新的政治、经济环境，熟悉相关法律法规、人才政策，熟悉劳动力市场的供求状况、劳动者的就业期望等。政治和经济的大环境，能对企业的经营管理活动产生极大的影响。熟悉政治经济形势，遵守法规、服从政策，摸清楚人才市场情况，是企业对外招聘必须做的前期准备工作。

（三）预测人力资源需求的方法

预测人力资源需求，即根据企业的经营现状与发展战略及内外环境判断，以已有经验、情况为原理，采用社会学、统计学等多种科学的研究方法，估算出企业未来需要的员工数量、质量和结构的过程。最常用的人力资源需求预测方法主要有以下三种。

1. 先分后合预测法 即先由各个部门提交各种的人力资源需求，然后再由决策层综合平衡各个部门的预测人数，从中得到企业的人力资源总需求数。这种办法的缺点是主观性强，容易受各部门利益干扰。优点是简单易行，成本低，很适合小规模企业。此方法适用于短期预测和中期预测，对于产品相对单一、规模比较稳定的企业，也可以用于长期预测。

2. 经验预测法 即维持与现状一样的人员配备比例的预测方法。例如，某食品企业每个生产人员的日产出量是 500 个单位，目前只有 20 个生产人员。为了实现每天生产 20000 个单位的目标，则需要再增加 20 个生产人员。当企业生产的内外部环境相对稳定时，这一方法的准确度较高。它预设了情况比较稳定的前提，而稳定只是短期的稳定，所以它只适合短期预测。

3. 德尔菲法 德尔菲法又叫专家评估法，即采用匿名问卷调查的方式，听取专家们对企业人力资源未来需求量的一致评估意见。它要求给专家们提供足够的信息，反复汇总意见，进行多次预测，直到得出一致的评估意见为止。专家即深入了解所研究问题的人员，他们可以是管理人员或者普通员工，也可以来自企业外部。由于此法非常费时费力，应得到专家们的重视，避免讨论非核心问题。

（四）预测人力资源需求的步骤

1. 通过前期准备，掌握与人力资源需求相关的企业内外部信息。

2. 根据内外部信息情况，统计出企业的人力资源现状，考察人员的缺编、超编以及岗位胜任情况等。

3. 根据企业的发展战略，确定各部门的工作量，以便预测未来一段时间内的人力资源需求量。

4. 根据各个部门的工作量，确定并统计各部门增加或减少的职位及人数，统计结果即为人力资源的需求量。

5. 根据企业的人力资源未来需求量，充分考虑员工流动（如辞职、终止合同等）、自然减员（如退休、死亡等）等因素，分析企业未来的人力资源供给量，计算出企业未来的人力资源净需求。

（五）提交人力资源需求计划

经科学测算并统计出人力资源需求量后，将其上报企业决策层进行修正确定。一份有价值的人力资源需求计划，主要包括以下几个内容。

1. 职务编制计划　即根据企业的发展规划，结合人力资源预测情况，描述企业未来的组织职能规模和模式。它包括企业的组织结构、职务设置、职务描述和职务要求等内容。

2. 人员配置计划　即根据企业的发展规划，结合企业人力资源净需求，描述企业未来的人员数量和素质构成。它包括企业每个职务的人员数量、职务变动、空缺数量等内容。

3. 招聘计划　即对职位的空缺情况进行招聘补充。它包括企业未来特定职务的内部、外部等招聘形式、招聘要求、具体的实施方案等内容。

4. 培训计划　即为了帮助员工适应岗位，针对企业新招的、新到岗的或其他需要培训的现有员工，进行各类培训。包括培训政策、培训需求、培训内容、培训形式、培训考核等内容。

5. 政策调整计划　即描述未来企业人力资源政策的调整原因、步骤和范围等情况。它包括绩效考评政策、薪酬与福利政策、激励政策、职业生涯规划政策等。

6. 费用预算　即对人力资源管理过程中所产生的各项费用进行预算。它包括招聘费用预算、培训费用预算、福利费用预算等内容。

人力资源计划书的编写完成之后，还需要跟企业的各个部门进行沟通修改。然后，将修改后的人力资源计划书交由公司决策层审议，根据审议结果进行修订，如此反复，直到审议通过。审议通过后，有序地执行人力资源计划书。

二、新员工的选拔招聘与劳动关系管理

决策层审议通过的人力资源计划书，已经较为精确地描述了企业选拔招聘的具体目标和执行办法，然而实现目标的过程非常复杂，稍有不慎，就会酿成大错。对于刚刚创立的企业而言，人才储备不足，人力资源优势尚未形成，更应该重视人力资源管理，做好新员工选拔招聘与劳动关系管理工作。

（一）选拔招聘的内涵

选拔招聘即根据企业的人力资源计划，寻找、吸引符合条件的应聘者，从中挑选适宜人选并加以录用的过程。选拔即从应聘者中挑选出符合企业需求的候选人。招聘指的是把符合应聘资格的求职者吸引到空缺岗位的过程。

（二）选拔招聘的原则

为了更好地完成新员工的选拔招聘工作，完成人力资源的计划，应遵循以下五个原则。

1. 遵守法律原则　即严格遵守国家法律法规，拒绝违法违规行为。消极地说，不遵守法律，轻则行政罚款、重则承担刑事责任。积极地说，有一定格局的创业者，必须清楚遵守法律法规是企业树立良好声誉的必要条件。

2. 少而精的原则　"少"即充分考虑人力资源成本，能少招则不多招，对于骨干精英的数量进行必要的控制。"精"即特别注重录用人员的质量，只招收符合企业需求的适合人才。

3. 以岗定人的原则　即充分考虑所要选拔招聘的人员与岗位的匹配程度，如果不能良好地匹配，即使是那些很优秀的人也不应招入。当然，对于创办初期的企业而言，如果能够符合企业的发展利益，也可以为特别优秀的人才设立特定的岗位。

4. 公正公平的原则　即选拔招聘的过程一定要做到公平公正，给应聘者相同的公平竞争环境和机会，以便公正地评价每一位应聘者。选拔招聘时，主考官应该克服利益偏见、晕轮偏见等思维障碍，公正无私、不偏不倚地去考察应聘者的素质表现。

5. 内部优先原则　即优先在企业内部进行重要岗位的选拔工作。目前，我国大多数的企业都遵守这一原则，主要以内部选拔为主。它既能免除一些外部招聘的成本和风险，同时也是一种员工激励机制，它能为员工提供一种职业生涯的发展通道，对优秀人员具有一定的吸引力。当然，创业初期的企业一般比较缺乏人才，所以即使需要耗费不小的成本，也要进行对外招聘，以补充适合企业需求的真正人才。

（三）选拔招聘的方法

只有挑选到适合的人才，才能满足企业的用人需求，并使企业能够正常运转，从而实现企业的管理目标。为了能够有效地挑选到适合的人才，需要从以下几个方面入手。

1. 确保发布渠道的有效性　求职者越多，可挑选的范围就越大，企业就越有可能挑选到适合的人才。因此，应根据求职者的情况，选择适合的招募渠道。例如，招聘某一行业的储备人才时，可以在行业知名高校发布招聘信息。

2. 组织优秀的选拔招聘队伍　优秀的队伍有高度的企业认同感，能进行专业的人力资源测试，认真挑选出适合的人才。选拔招聘也是一次对外的宣传过程，如果选拔招聘队伍素质低下，难免有损企业在应聘者心中的正面形象。

3. 严格进行选拔测试　综合运用包括面试、笔试；心理测试、能力测试等选拔测试方法，以确保新招员工符合岗位要求，可以胜任工作。否则，当新员工很快离职后，又得继续招聘选拔，增加企业的相应成本。

（四）选拔招聘的程序

在众多应聘者中挑选出适合企业需求的优秀人才的过程，就是企业选拔招聘的程序。

它包括简历筛选、员工测试、背景调查、体检、岗前培训、员工试用等内容。

1. 简历筛选　即对求职者的学历、外语水平、计算机水平等方面的基本要求进行筛选，符合要求者才能进入选拔招聘的下一个环节。简历筛选时，淘汰的比例不宜过高或过低，以免无法完成招聘任务或给下一环节的工作增添负担。

2. 员工测试　即通过一些科学方法来判断应聘者能力和性格的特征，以考核其是否具备完成工作的能力与素质。员工测试的方法，主要包括能力和素质测评、情景模拟、面试等内容。

3. 背景调查　即对求职者的学习经历、工作经历、信用状况等与工作相关的内容进行核实。可以直接向求职者本人沟通确认，或者向求职者以前的雇主及其他相关人士进行核实。背景调查可减少用人失误，省去不必要的麻烦。

4. 体检　即要求已经通过前述程序的求职者进行体检，以便于了解他们的身体健康状况。良好的身体状况是履行职责的重要影响因素，不可轻视。

5. 岗前培训　即在上岗前组织新招进的员工进行相关培训，使得他们了解自己的工作内容、工作环境和企业文化等情况。

6. 员工试用　即让培训合格者到岗试用的程序。试用过程是一种双向选择的过程，企业与新员工可以相互了解、仔细考虑是否在试用期满后进入正式录用的程序。

（五）劳动关系管理

1. 劳动关系管理的含义　劳动关系，指的是劳资双方所结成的社会经济关系。按利益的协调程度，劳动关系的类型包括利益冲突型、利益协调型、利益一致型三种。

所谓劳动关系管理，即为了企业生产经营活动的正常开展，为了实现劳资双方的协调合作，而采取一系列缓解、避免劳动关系冲突的措施和手段。

2. 劳动关系管理的类型　按合作与冲突的劳资关系状态，可将劳动关系管理的类型划分为以下两种：①劳动关系合作管理。劳动关系合作的主要方式为员工参与制度、集体谈判和集体合同制度。员工参与制度主要是指员工参与企业的管理和分配，它的主要形式有职工代表大会制度、厂务公开制度、职工合理化建议活动制度等。集体谈判又称集体协商，是劳资双方各派一定数量的代表，以签订集体合同为目的而进行的系列沟通活动。集体合同也称集体劳动协议，是集体谈判双方代表之间签订的书面协议。②劳动关系冲突管理。目前，劳动关系冲突主要表现为劳动报酬、解除劳动合同和保险及社会福利等方面的利益冲突。有学者认为，冲突性是劳动关系的本质特征。客观地说，劳资双方地位不平等。雇主在劳动合同签订时，往往有比员工更强势的话语权。主观地说，劳资双方各有目的。企业管理者希望员工服从管理，而员工却希望能参与企业管理和决策，如就改善薪酬福利等进行决策。

实际上，劳动关系的缔结基础就是劳资双方的共同利益。这是双方合作的基础，也是双方协调冲突的前提条件。因此，促使劳资双方的整体利益变大、共同利益增多，是劳动关系管理的应有之义。

三、成本管理

所谓成本管理，即为了实现企业利益最大化的目标，以成本的目标、产生和利用为基础，进行计划、预算、控制、计算和考核等一系列的科学管理活动，它是企业财务管理的核心内容。成本管理一直是大学生创新创业活动主要短板，为了补齐这一短板，有必要学习如何进行成本管理。

（一）企业成本的含义

所谓企业成本，狭义地说，即企业在产品生产过程中所发生的各种消耗。狭义的含义局限于描述制造业的成本状况，为了全面描述各种类型的企业，一般采用广义上的说法，即认为企业成本是维持企业生产经营活动所需要付出的特定代价。

（二）成本管理的方法

按管理的切入视角划分，成本管理有以下几种方法。

1. 标准成本管理　即对企业成本的各种可以标准化的因素，进行全面标准化。例如，对产品的设计、研发、原材料、零部件、生产工艺、包装等全过程进行全面的标准化管理。在标准成本管理之下，需要分析实际成本与标准成本的差异，查明其中原因并努力缩小差异。这是一种以"流水线"式的统一标准视角，去看待企业生产经营全过程的成本管理方法。

2. 目标成本管理　目标成本管理来源于日本，也被称为日本企划。它是指在产品的策划、开发中，根据顾客需求设定相应的目标，希冀同时达成这些目标的综合性利润管理活动。目标成本管理的做法是，以顾客的期待售价，减去企业的目标利润，从而得出整个产品的目标成本。这一成本管理类型的切入视角是顾客的预期售价。

3. 作业成本管理　作业成本管理把企业视为最终满足顾客需要及实现企业价值最大化而设计的一系列作业的集合体。这个过程，由企业供应商开始，经过企业内部的时候，形成了一系列作业。每完成一项作业就要消耗一定的资源，一项作业完成后，继续转移到下一个作业，直到最终由作业汇聚成一个满足顾客需要的产品。这一管理方法，是从价值角度分析各种产生成本的"作业"对最终产品所产生的作用。

4. 成本战略管理　即以特定的方式抢占市场竞争优势，从而在众多竞争者中保持最低的成本，并且以低价策略占有大量市场份额的成本战略。成本战略管理的视角，就是以战略的高度去看待成本管理。例如，"老干妈"的营销，是在销售渠道畅通、品牌美誉度高的竞争优势下，确定了一个同等品质的竞争者们所无法承受的低价。在此等竞争优势下，"老干妈"实行极低的广告成本战略，并不会降低其市场份额。

（三）成本管理的原则

为了实现企业利益的最大化，成本管理应该遵守以下三个原则。

1. 与质量相协调原则　即协调质量和成本的关系，找到成本与质量的平衡点。如果产品的成本过高或者质量过差，则会影响整体的售价和销量，进而影响企业利益的实现。因此，不能盲目地追求质量而不惜成本，更不能为降低成本而不顾质量，避免成本与质量的失衡。

2. 与产量相协调原则　即协调产量和成本的关系，找到成本与产量的平衡点。一般情况下，降低成本，可为增加产量提供条件；产量增加以后，单位产品中的固定费用减少，产品成本也因此降低。然而，如果过分注重规模效应，而忽视市场容量，产量增加得越多，亏损就越大。

3. 与长期战略相协调原则　即协调短期利益与长远利益的关系，使成本管理服从于企业的长期战略。例如，京东创业的前 19 年，年年亏损，却能成为行业巨头。它对物流仓储投入了巨额的成本，不是基于一两年的企业利润，而是基于企业的长期发展战略。

（四）成本管理的程序

即企业生产经营过程中所产生的企业成本，根据一定的目标，进行计划、预算、控制和考核等一系列步骤。成本管理贯穿了企业生产经营的全过程，只有在具体的经营活动中，才有可能实现成本管理的目标。通常来说，成本管理的程序主要有以下几个基本内容。

（1）制定成本管理目标。

（2）制定成本计划　成本管理目标制定以后，需要制定相应的成本管理计划，以细化目标、找到实现目标的具体操作方案。

（3）进行成本预算　即对成本计划执行全过程用数量进行表示的过程。一般来说，为了有效地进行成本管理，需要用数量关系表现出所有影响企业成本的因素，并且对未来可能发生的各项成本进行预算。

（4）制定成本控制办法　为了落实成本计划，实现成本目标，企业需要在成本执行的过程中制定相应的措施。

（5）进行成本计算　即对企业成本的实际执行情况如实地计算。

（6）实行成本考核　即综合评价成本计划或预算的落实情况。只有进行成本核算，才能发现成本管理中存在的问题。发现问题并及时加以解决，才能不断地提高成本管理的水平。

四、创业风险管理

所谓创业风险管理，即研究创业过程中风险的产生和运行的规律，对风险进行识别、应对等管理过程。创业风险管理的目的，是减少或避免风险所造成的创业损失，进而实现创业的成功。准备创业的大学生，必先学会识别创业风险，了解创业风险的特点、类型等内容。

（一）创业风险的含义和特点

所谓创业风险，即创办企业时发生损失的可能性和概率。这种可能性和概率，可以表现为风险因素、风险事件和损失结果等。例如，某个化妆品研发过程中，某个马虎大意的研究人员（风险因素），在配方中过量添加了某种元素，致使已投产的化妆品重金属含量超标（风险事件），企业因此发生巨额损失（损失结果）。风险无处不在、无时不有，创业风险伴随着创业的始终，贯穿到企业生产经营活动的全过程。创业风险具有以下四个特点。

1. 客观存在性　投资有风险，创业需谨慎。创办一家企业之前，需要作好充分的心理准备，正确认识企业风险的客观存在。损失的概率再小，也是有可能发生的。

2. 不确定性　企业的生产经营活动，是在一定的内外环境中进行的。其中，环境中的各种风险因素与环境发生作用，有时会被消磨殆尽、有时会被滋长暴发。例如，一个新创办的企业，可能会营造出越来越松散的环境，从而粗心大意的行为越来越多，最终发生重大安全事故，甚至可能导致企业破产。事故发生以后，人们固然能够找出原因，却无法预知导致此事故的风险因素是在什么时候发生作用的，这也就构成了一种不确定性。

3. 损益双重性　由风险因素与环境的相互作用可知，风险因素具有两种倾向性，一种是脱离风险事件而消失的倾向，另一种引起风险事件而彰显的倾向。简而言之，风险作为一种可能性，它既可能造成损失的结果，也可能不造成损失。例如，当开一家化妆品店时，面对市场风险等多种风险，店铺可能会出现亏损、甚至会倒闭；然而只要经营得当，也有可能在创业中获利，从而实现财务自由。

4. 可识别性 创业风险固然具有不确定性，但这并不意味着它是不可识别的。不确定性，侧重于描述环境的不确定性以及随之而来的不确定性风险。而可识别性，则是描述人们有认识风险的能力。具体而言，人们可对各种经验材料、理论等进行分析，认识风险的产生机制和作用规律，学会风险识别和风险控制。

（二）创业风险的类型

1. 以风险产生的环境为标准 可划分为静态风险和动态风险。静态风险，即在稳定的经济社会环境下，因自然不可抗力因素或个人的失误而产生的风险。例如洪水、地震、台风、火灾、车祸等风险事故。动态风险，即因社会经济环境的变动而产生的风险。例如政治政策、经济行情等变化所产生的风险。在实施健康中国的大背景下，保健品行业迎来了重大发展机遇。某一保健品创业者，有可能在行业大发展中获利，也有可能会亏损。

2. 以风险的作用对象为标准 可划分为人身风险和财产风险。人身风险，即直接作用于人的身体，导致人的伤残、死亡或丧失劳动力的风险。例如，意外事故、疾病、自然灾害等造成的人身伤害。财产风险，即风险作用于财产之中，出现财产毁损、贬值等风险结果。任何企业都有财产，并且都需要面对财产损失的风险。例如，对于一家生产果汁的企业来说，原材料是非常重要的财产，而这一财产需要面对自然灾害、人为灾害等风险。

3. 以承受能力为标准 可划分为可承受风险和不可承受风险。从企业的生产经营状况分析，考虑企业自身在资金能力、技术水平、技术资源等方面的综合能力，确定一个可以承受的最大损失限度。以这一限度所代表的主体承受能力限度为标准，低于这一限度的风险即为可承受风险，高于这一限度的风险即为不可承受风险。

（三）创业风险的处理办法

创业是容易失败的高风险活动，创业者必须树立风险意识，掌握各种创业风险的处理办法。一般而言，创业风险的处理办法主要有以下五种。

1. 预防 即在风险损失发生前，采取一定的具体措施，消除或减少可能引发损失的各种因素，以降低损失发生的概率。

2. 避免 即通过放弃某种活动或者拒绝承担某种风险，设法从根本上回避损失发生的可能性。当某种特定风险的发生概率很高、影响的程度很大，或者处理风险的成本高于收益时，可以选择放弃活动，实现回避。例如，河豚的毒性很强，为了避免河豚中毒事故，创办餐饮店时可以放弃将河豚纳入菜单中。

3. 转嫁 即有意识地将损失的可能性及其后果，转嫁给其他主体去承担的一种风险管理方式。转嫁风险，包括保险转嫁和非保险转嫁两种类型。保险转嫁，即通过购买保险公司的相应保险，将部分风险转给保险公司承担；非保险转嫁，即除了购买保险之外，通过合同等方式，约定双方各自的责任和权利，将一些创业的风险转让给其他主体的过程。例如，与运输公司签订合同，转嫁运输过程的意外损失。

4. 抑制 即在损失发生时或在损失发生后采取的各项措施，降低损失的程度。在损失程度高，且风险无法避免或转嫁的情况下，可以采取抑制措施。

5. 自留 即对创业风险的自我承担。当风险的发生概率很低、影响的程度很小，并且比起其他的风险处理方法，风险自留的成本更低时，可直接选择自留风险。例如，新疆处于我国的西北内陆地区，受台风影响的概率极小，所以新疆的食品企业，直接自留了当地原料产地遭遇台风灾害的风险。

（四）创业风险管理的程序

1. 识别创业风险 即对分析、归类、判断企业正在面临的风险以及潜在的风险的认识过程。正确识别创业风险，是进行创业风险管理的第一步。例如，识别化妆品销售的市场风险，是创业者正确选择化妆品店地址的首要步骤。

2. 评估创业风险 即在风险识别的基础上，分析收集到的详细损失资料，量化其中各种风险，综合考虑各种因素，判断创业时发生风险的可能性及其危害程度。根据这一判断，评估风险控制的措施，以及控制措施所到达的程度。例如，评估某种保健品开发的风险，则需要分析开发过程可能产生何种损失，这些损失的概率多大、影响程度如何，以及如何去应对控制这些损失。

3. 选择风险处理方法 即在风险识别和评估的基础上，综合运用所学的知识，合理选择创业风险的处理办法。

4. 评价创业风险管理的实施效果 即总结评价创业风险管理过程的得与失。具体而言，就是计算风险管理的实施过程中，用了多少成本，挽回了多少损失，分析风险的处理办法是否有效，如何修正管理措施等多方面的经验教训。

必备的实践能力——实训环节

创办一个企业绝非易事，经营一个企业更需直面市场竞争的精彩与残酷，承担经营的风险与责任。既需要通过训练以掌握企业经营的重要技能和要领，更需要积累应对风险尤其是人事风险的能力。毕竟，对一个公司而言，人才最为重要，因为人才是公司发展的基础，甚至可以说，人才左右着公司的命运。请阅读下列材料，为食品公司支个招。

案例

处在"两难"中的食品加公司

××公司是某省有名的家族企业，地处某镇，主要业务包括生产及销售饼干、休闲食品、饮料。该公司的企业文化比较简单、务实，公司的人员总体来说相对稳定，但近日该公司陷入了发展的"两难"境地。一是公司的董事长年事已高，退位在即，但接班人还没有物色好。虽然董事长育有三儿两女，但由于平时未进行培养，这些儿女均难以胜任董事长的职责，公司掌门接班人短时间内恐难到位，这是高层管理人员继任难。二是春节假期已经结束，回来上班的一线操作工不足30%。现公司接到一笔大订单，急需招批一线员工，但招不到满意的熟练工，这是招工难、留人难。这"两难"如果解决不好，公司发展将受到制约。

（一）实训项目

企业风险管控。

（二）实训目的

1. 巩固人财风控管理的有关理论知识。

2. 正确认识人才在企业发展中的地位及作用。

3. 树立降低企业管理风险的意识；拓宽创新人才培养、人才管理的途径，让"人才"变成企业的"人财"。

（三）实训任务

1. 讨论并分析某公司"两难"现象产生的原因。

2. 试着帮该公司设计高层管理人员储备、培养的方案。

3. 试着帮该公司设计留住一线熟练操作工的方案（可充分考虑该公司的地域特点、生产的季节性、时令性特点）。

4. 如果你是人事部经理，将如何提高新招操作工的技能，试述具体做法。

（四）实训要求

1. 课外阅读企业经营与管理方面的书籍，提高对企业生产及经营的了解。

2. 2～4条任务中，每条任务下需写出对应的三个方案或办法并说明理由。

3. 以小组为单位完成上述任务，并将方案发布在学校指定的网络教学平台。

（五）评价与考核

1. 每个任务能够分析并归纳原因，或写出不少于三种解决问题的方案（方法），且言之有理、思维活跃、视野开阔的，记满分。

2. 采用百分制。学生自评、互评、教师评价分别占20%、30%、50%。

拓展阅读

某品牌药酒的公关危机

2017年12月，谭某发文称某品牌的药酒会对老年人的身体造成损害。该品牌药酒以此举纯属恶意抹黑，并已给自己造成重大经济损失为由向公安机关报案。2018年1月，谭某在广东省被内蒙古某地的警方实施跨省追捕。2018年4月13日，谭某被跨省追捕的消息曝光，某品牌药酒企业一时成为公众质疑焦点。2018年4月17日，内蒙古自治区人民检察院通报称，该案"事实不清、证据不足"，指令将该案退回公安机关补充侦查并变更强制措施。一个月后，谭某道歉，药酒企业撤诉。从1月到4月，在长达三个月的时间里，某品牌药酒并未正确预判危机，更没有充分澄清质疑，着实令人可惜。

扫码"练一练"

? 思考题

1. 请根据沙盘规则，制定一个自己认为可行的对战策略。

2. 如何预测创业型企业的人力资源需求？

3. 运用所学知识，选取一种熟悉的食品、保健品或化妆品，分析其成本管理的程序和方法。

（李时菊）

参考文献

［1］贾强，包有或．大学生就业创业指导［M］．北京：中国医药科技出版社，2017.

［2］杨杰，毛丙波．大学生职业发展与就业创业指导［M］．北京：中国社会科学出版社，2014.

［3］陈浩川，王九程．大学生创新创业教程［M］．北京：高等教育出版社，2018.

［4］王华，卢卓．创业实务［M］．第2版．北京：高等教育出版社，2015.

［5］刘万韬．大学生创新与创业教程［M］．第2版．天津：南开大学出版社，2017.

［6］黄俊，冯诗淇．创业理论与务实：倾向、技能、要素与流程［M］．北京：清华大学出版社，2015.

［7］孙晓红，章刘成．创业模拟实训教程［M］．北京：科学出版社，2018.

［8］李肖鸣．大学生创业基础［M］．第4版．北京：清华大学出版社，2018.

［9］陈承欢，杨利军，高峰．创新创业指导与训练［M］．北京：电子工业出版社，2017.

［10］李家华．创业基础［M］．第2版．北京：清华大学出版社，2015.

［11］钟秋明．大学生创业基础［M］．北京：高等教育出版社，2017.

［12］刘红燃．创业实务［M］．北京：现代教育出版社，2017.

［13］王华，卢卓．创业实务［M］．北京：高等教育出版社，2015.

［14］张志，熊杰．大学生创业基础［M］．北京：人民邮电出版社，2017.

［15］孙霞，黄真，刚文娟．大学生就业与创新创业教程［M］．北京：人民邮电出版社，2017.

［16］张志胜．创新思维的培养与实践［M］．南京：东南大学出版社，2012.

［17］张正华，雷晓凌．创新思维、方法和管理［M］．北京：冶金工业出版社，2013.

［18］陈吉明．创造力开发与实践［M］．武汉：武汉理工大学出版社，2009.

［19］宋晋生．创造学与创造工程［M］．西安：陕西科学技术出版社，2015.